HOMENAJE AL CAPITÁN
JOSEPH ALBERT TOUFLET

REALIZADO EL 23 DE ABRIL/2003

AMBASSADE DE FRANCE EN EL SALVADOR

La Embajada de Francia y Telecom
Tienen el honor de invitarle al
Memorial Capitán Albert Touflet
(2 de Abril 1885-23 de Abril 2003)

Día: Martes 23 de Abril de 2003

Hora: 10 a.m.

Lugar: Cementerio General Santa Isabel de Santa Ana

Su asistencia dará realce al evento   **Para excusas 271-7051**

Prefacio de la 5ª Edición

Es necesario incluir una breve reseña del origen este texto, la investigación fue realizada durante los años 2000 y 2001.

Debido a mi ingreso en el año 2002 en la empresa de telecomunicaciones TELECOM de inversión francesa, presente el proyecto de publicación a la dirección ejecutiva, en ese entonces presidida por el presidente Dominique Saint-Jean.

En las primeras ediciones el libro solo era un producto artesanal de pocos ejemplares, pero al cobrar interés de la restauración del sitio, con un homenaje y una última edición el proyecto cobró vigor histórico.

Para articular el proyecto planificamos junto al Ing. Michel Leininger, una visita a la Embajada de Francia y con el Estado Mayor de la Fuerza Armada, así logramos integrar esas acciones. Michel contribuyó significativamente en la publicación de la 4ª edición efectuada el 21 de julio de 2003.

Debido a la pérdida de los archivos originales, el texto debió transcribirse de nuevo línea por línea, eliminando un anexo que no correspondía al Homenaje al Capitán Joseph Albert Touflet, pero el presente trabajo que no cambia en esencia el texto original.

DISCURSO DE PEDRO ESCALANTE ARCE
HISTORIADOR
MEMORIAL DEL CAPITÁN JOSEPH ALBERT TOUFLET

Reseña de Conde Fernand Montessus de Balorre
23 de abril de 2003.

Francia nunca ha estado lejos de Hispanoamericano ni de El Salvador, aunque nuestra historia ha discurrido por causes muy diferentes, estos países también están inmerso en la cultura occidental europea y en ella Francia siempre ha estado en primera fila, porque el pensamiento y la personalidad avasalladora de Franca, son universales obligado de progreso.

Es como una obra maestro de desarrollo y convivencia armónica, donde Francia pone un sustrato común en la diversidad de aquellos paisajes, que han reflejado en su propia historia el espíritu francés, y la misma historia de Francia. Es así como aquí en El Salvador con todo y su basamento español en mediterráneo, unido a la ancestral herencia indígena, aquí también las altas manifestaciones del espíritu francés universal nos unen con todos los países que hemos bebido en la misma fuente francesa y hemos sido alumnos del mismo maestro.

Sobre todo, Francia está presente con más fuerza desde la explosión iluminista del racionalismo y de las corrientes liberales de la filosofía política del siglo XVIII, pero es desde antes que encontramos ya franceses en la actual El Salvador que son antecedentes remotos de la presencia actual aunque su impronta se haya perdido con el pasar de los siglos. El primer francés en nuestra tierra fue el flamenco Luis Dubois, originario de Lille, llegado Pedro de Alvarado en 1530 y que participo en la fundación de la Ciudad de San Miguel de la Frontera, así como posteriormente vivió en la villa de San Salvador donde fue Alcalde Ordinario.

Varias familias salvadoreñas descienden del gentilhombre Dubois, quien en Gante fue paje del joven Emperador Carlos V, pero en realidad será hasta el siglo XIX, que el espíritu francés serán notorios y apreciados como el que más, cuando ya pasada la independencia estos jóvenes estados estaban a la búsqueda de su propia destino, entonces Francia se volvió para nosotros la tierra culta y progresista por antonomasia. Una palabra de respeto para el recuerdo de la Comisión Científica Imperial de México y la América Central, creada en 1864 por el Emperador Napoleón lll, varios de cuyos miembros llegaron a la Ciudad de México en tiempo del Emperador Maximiliano y algunos de los cuales alcanzaron las comarcas salvadoreñas, como los geólogos Adolphe Dollfus y Eugene de Montserrat, además de la anterior presencia de un miembro muy conocido el extraordinario Charles Etiene Brasseur de Bourbourg, miembros de la Comisión.

En esos tiempos se acuño en Francia, un nuevo nombre para la América Española: Latinoamérica, pues los franceses también se sentía parte del entorno americano y querían de él, Francia había perdido Canadá en tiempos de Luis XV y Napoleón vendido la Louisiana en 1803, hace exactamente 200 años. En 1859 El Salvador y Francia firmaron un Tratado de Amistad Comercio y Navegación, consecuencia inmediata fue la llegada de la primera delegación militar en noviembre de ese año, por pedido del presidente Capitán General Gerardo Barrios, a principios de mayo de 1881 llego la segunda misión en tiempos del presidente Rafael Zaldívar, acá venía el Conde Fernand Montessus de Balorre, artillero e ingeniero militar, graduado de la Escuela Politécnica de Paris, pero el Conde Montessus de Balorre, será mucho más que un militar profesional, sus intereses de ciencia y culturas lo llevaron a la investigación histórica y al estudio de la sismología en donde adquirirá gran renombre .

Fundo en 1883 en San Salvador, el primer observatorio sismológico en Centroamérica como correspondía al país del istmo más castigado por los terremotos y las desgracias naturales. Habiendo fallecido su compañero de misión Capitán Jaime Agustín Dambrum, como reemplazo llegó el Capitán Alberto Touflet, también de la politécnica parisina en mayo de 1882, ambos Montessus y Touflet se encargaron de proyectar, una escuela de artillería en San Salvador.

Estos eran tiempos de caudillos y los dos militares franceses tuvieron que soportar la guerra de 1885, uno la sobrevivió pero para Touflet fue el final, murió a principios de abril de 1885 junto con los soldados salvadoreños que trataban de detener la marcha de las tropas guatemaltecas, en Chalchuapa, el presidente Justo Rufino Barrios en un arranque despótico, había proclamado desde la Ciudad de Guatemala la unión de Centroamérica por las almas y se lanzó a la conquista de los demás estados, lastima grande que el gran caudillo que fue Justo Rufino Barrios , no trato de hacerlo por los canales adecuados de la diplomacia y el buen entendimiento entre vecinos.

Después de la frustración de Manuel José Arce y Francisco Morazán, en realidad el intento de más garra y determinación férrea de unir nuestro, fue el de Justo Rufino y no quedemos en cinco parcelas disgregadas, pero la unión no se podía hacer así y los salvadoreños se opusieron. Pero en realidad no todos, porque no podemos disimular el entusiasmo de muchos, por el puño de acero de Justo Rufino Barrios.

Era el que podía darle vida a lo perdido, nuestra Centroamérica, unidad desde 1542 por el Emperador Carlos V, y luego por la Federación de 1823. Albert Touflet y Montessus de Balorre, estuvieron en la Batalla de Chalchuapa pero Touflet falleció, igualmente Barrios murió en el fragor de los disparos. Touflet con toda razón y merito, fue honrado como Héroe Militar salvadoreño y este día hacemos honor a su memoria. Francia puede sentirse satisfecha y orgullosa de un hijo así, es el reflejo del espíritu francés que ha llegado a todos los rincones del mundo en este caso a esta mi querida ciudad de Santa Ana, que atesora los restos de un gran hombre: Albert Touflet.

Discurso de César A. Ramírez A.
Jefe de Prensa de Telecom
Memorial del Capitán Joseph Albert Touflet
23 de abril de 2003

Capitán Joseph Albert Touflet

Nació en 1853 y falleció en Chalchuapa el 2 de abril de 1885, a la edad de 32 años. Realizó sus estudios en la Escuela Politécnica de París y perteneció a la Generación de 1871, similar a la promoción del conde Fernand Montessus de Balorre. Las crónicas señalan que su amistad se inicia en Paris, en la mítica Escuela Politécnica, cabe destacar que por ese entonces la especialidad de los egresados era de ingenieros artilleros, los cuales aplicaban sus conocimientos directamente al servicio del Ejército, dada la especialidad en construcciones y acciones militares.

El acontecimiento social que marca la época en la década de 1871, es La Comuna de París, donde Francia entró a la guerra con Prusia y fue derrotada. La cabeza del gobierno nacional era Adolphe Thiers, él tuvo que negociar los detalles de la paz con Prusia. Después de hacer esto tuvo que afrontar el problema de volver a controlar París, de convencer a la ciudad de que la guerra con Prusia había terminado y del desarme de la Guardia Nacional. A Thiers sólo se le permitían 12.000 soldados después de la tregua, y con ellos tuvo que hacer frente a varios cientos de miles de guardias nacionales.

Si recordamos bien las crónicas nacionales de El Salvador estas señalan que se 1876 se realiza en contrato del entonces Presidente de la Republica Dr. Rafael Zaldívar que nombro como instructores del Ejercito Nacional a los oficiales: Conde Fernand Montessus de Balorre para adiestrar la artillería, junto al capitán Alberto Touflet, José María Francés y Rosedo y finalmente al Sr. Sherwing. En estos momentos ya existe una tradición militar francesa iniciada bajo la administración del presidente salvadoreño Rafael Campo, que en 1859 firma el Tratado de Amistad, Comercio y Navegación entre la República de El Salvador y en ese entonces el Imperio Francés.

Esta tradición de amistad se continúa con la Administración del Capitán General Gerardo Barrios y de esta manera las misiones francesas son respaldadas por los respectivos gobiernos, es así que a finales de 1859 llegan las primeras delegaciones militares francesas, entre ellos: Benardo Pradet, Juan Vezelle, Alejo Biscouby y Melou. En 1869 un oficial francés: Héctor Gallinier organizó el escalafón militar por riguroso ascenso. Esto elementos precedieron la llegada del capitán Alberto Touflet, como instructor de artillería del Ejército de El Salvador. En el lapso comprendido entre 1876 y 1882, es firmado entre Francia y El Salvador un Convenio Consular con fecha de 14 de febrero 1879.

Es de hacer notar que la amistad de las naciones se estrecha mediante los instrumentos diplomáticos. A su llegada a El Salvador, la delegación francesa, está atenta al quehacer académico dentro de las Fuerzas Armadas, el capitán Touflet hace propuestas de construcciones para la instalación de la Escuela de Artillería, mientras dicta clases académicas a los cadetes y oficiales del ejército, en la década de 1880. Entre sus aportes arquitectónicos a la ciudad de San Salvador, está el diseño para el Hospital General, hoy conocido por Hospital Rosales, obra iniciada en 1891 e inaugurada el 13 de julio de 1902.

La Centroamérica de 1885 es inestable y Guatemala es presidida por el General Justo Rufino Barrios, quién declara la unión Centroamérica " de hecho " y asume el mando militar supremo de la misma, esta situación es rechazada por las otras naciones del área. De esta manera acontece la Batalla de Chalchuapa entre los días primero y dos de abril de 1885. En Chalchuapa se suceden rápidos acontecimiento de ambos ejércitos: 14,500 soldados de infantería y artillería al mando del General Justo Rufino Barrios fueron enfrentados por 8,000 soldados salvadoreños comendados por el General de División Adán Mora en la primera línea de defensiva salvadoreña, está la valentía de los jóvenes artilleros al mando del Capitán Joseph Alberto Touflet, los artilleros salvadoreños poseían los Cañones Krup D A 7, ellos permanecieron en las más difíciles posiciones en el sitio llamado El Calvario .

El primero de abril el ejército del General Justo Rufino Barrios es contenido por las posiciones de artillería y las trincheras, desafortunadamente el Capitán Joseph Albert Touflet es gravemente herido y sustituido por el Teniente Coronel Próspero Aguilar.

Las palabras del General de División Adán Mora, comandante en Jefe del Ejército salvadoreño en aquella dura prueba fueron elocuentes. "En manos de ustedes están hoy el honor de la República, y el triunfo de la causa más grande que se ha sostenido en Centroamérica. No les recomiendo el valor porque sé muy bien que se sienta en todos Ustedes hasta poder llegar al heroísmo. Lo que deseo es que haya mucha armonía y unión, que cada uno se mantenga firme en su puesto, que todos estén siempre listos para cumplir las órdenes de jefe y que procuren mantener una severa disciplina en el Ejército. Están ustedes en el campo de la gloria y tienen que recoger muchos laureles para sí y para la Patria"....

El 2 de abril de 1885 el Capitán Joseph Albert Touflet fallece debido a las heridas del combate del día primero de abril. 118 años después de acontecida esta batalla y 144 años de iniciada la amistad entre Francia y El Salvador, al celebrar este Memorial asumimos la responsabilidad de contribuir a la Memoria Histórica de nuestras naciones y rendir un agradecimiento a nombre de la Patria, al Capitán Joseph Albert Touflet y a nuestros compatriotas por su ejemplo en la defensa de la soberanía e independencia de nuestra República.

Muchas gracias.

Discurso de José Edgar Campos Rivas
General de Brigada
Subjefe del Estado Mayor Conjunto de la Fuerza Armada de El Salvador.

Distinguida concurrencia:

Constituye motivo de especial satisfacción, dirigir estas palabras en el merecido homenaje al Capitán Joseph Albert Touflet, notable ciudadano francés cuya ayuda profesional, brindó especiales aportes al desarrollo de las ciencias y artes de nuestro país.

Desde su arribo en 1876, el Capitán Touflet se identificó con el pueblo salvadoreño, adoptando gran parte de sus costumbres, las cuales fue descubriendo y admirando en sus intensos trabajos de investigación, labor que realizaba como principal colaborador del Conde Montessus de Balorre.

Muy pocos hombre de otras nacionalidades en nuestra historia, han demostrado tanta entrega a los ideales de libertad y de justicia, como lo hiciera el Capitán Touflet, puso a nuestros servicios sus conocimientos en la ciencia y el arte de militar, organizando unidades de artillería, arma de la cual era especialista y con cuyo concurso en la Batalla de Chalchuapa en 1885, fue parte importante para obtener la victoria salvadoreña.

Lamentablemente, ese extraordinario suceso que cubrió de gloria a nuestro ilustre homenajeado, también lo convirtió en mártir de la libertad habiendo entregado su vida en dicha Batalla, el día 2 de abril, pasando a las páginas de la Historia como un guerrero indómito, de noble corazón que se ha ganado el agradecimiento eterno de El Salvador.

Sin embargo, la obra del Capitán Touflet no fue solo militar, sino que ayudó en la elaboración de varios documentos científicos sobre sismología e ingeniería, considerando su trabajo como un valioso aporte a la documentación histórica.

La llegada a nuestro país de un buen número de militares franceses, no solamente fue a dar soporte en el campo de la ciencia que engalanaba su haber profesional con los conocimientos adquiridos en prestigiosos centro de enseñanza militar.

De esta forma, el Capitán Albert Touflet, como otros ciudadanos franceses, han sido los artificiales de la estrecha relación que ha existido, a lo largo de la Historia Moderna de nuestro país, siendo esa misma amistad un verdadero apoyo a nuestro desarrollo nacional.

En la actualidad, El Salvador y Francia mantienen las más sólidas relaciones, existiendo entre ambas naciones un intercambio cultural de gran trascendencia, gracias a las proyecciones que en ese sentido realiza la excelentísima Señora Lydie Gazarian, Embajadora de Francia en nuestro país.

En el campo comercial, la inversión francesa en El Salvador, ha sido notable colaborando decididamente al desarrollo y modernización de nuestro país, particularmente en el área de las comunicaciones, generando con ello muchas oportunidades de trabajo y situando a El Salvador en el mapa de las naciones vanguardistas en el mundo de la informática y la telefonía satelital.

El intercambio en el área militar ha sido evidente en el transcurso de los años, habiendo realizado estudios de especialización de Francia varios de nuestros oficiales, siendo muy importante la firma de un reciente convenio, firmado entre ambas Fuerzas Armadas, mediante el cual se realizarán intercambios de entrenamiento de secciones en la Guayana Francesa y en nuestro país, así como también estudios superiores en las academias militares francesas.

Por estas y muchas razones más, consideramos honrosa estas circunstancia, que permite rendir un merecido tributo de agradecimiento y admiración a uno de los pioneros de nuestra gran amistad.

Señoras y señores:

Para las Fuerzas Armadas de El Salvador, la figura del Capitán Joseph Albert Touflet, constituye el paradigma del sacrificio, de la máxima entrega a la causa salvadoreña, sin esperar más recompensa que el imperio de la justicia y la razón.

Como buen soldado francés, descendiente de los proclamadores de los derechos ineludibles del ser humano, Touflet derramó su sangre en suelo salvadoreño, para defender precisamente esos derechos, los cuales pretendían ser mancillados.

A 118 años de su fallecimiento, se agiganta la figura de este patriota franco-salvadoreño, iluminando a las actuales generaciones con la antorcha de la libertad.

Francia perdió un soldado, El Salvador ganó un Héroe.

Sean para él los laureles de la victoria y la gratitud de nuestro pueblo.

Muchas gracias.

Discurso de la Excelentísima Señora Lydie Gazarian
Embajadora de Francia
Memorial del Capitán Joseph Albert Touflet
23 de abril de 2003.

Estoy muy emocionada y muy conmovida, por el homenaje que se rinde hoy en recuerdo del Capitán de Artillería Albert Touflet quién entregó su vida en la defensa de El Salvador en la Batalla de Chalchuapa.

Llegado en El Salvador en cumplimiento del Tratado de Amistad Franco Salvadoreño de 1859, él ha tejido los lazos de amistad entre nuestros dos países en defensa de la libertad y del sentimiento nacional.

Estos lazos siguen hoy, ello se manifiestan en el desarrollo de la cooperación militar entre nuestros dos países y también por la presencia de militares franceses que están asociados con los militares salvadoreños en este homenaje y que están hoy aquí entre nosotros.

Agradezco al Presidente de Telecom, al Señor Dominique Saint-Jean, quién permitió la manifestación de hoy y la celebración de este homenaje.

Muchas gracias.

DISCURSO DE DOMINIQUE SAINT-JEAN
PRESIDENTE DE TELECOM
EX ALUMNO DE LA ESCUELA POLITÉCNICA DE PARÍS EN EL
MEMORIAL DEL CAPITÁN JOSEPH ALBERT TOUFLET
23 DE ABRIL DE 2003.

Protocolo[1]

Después de entusiasmo de la Revolución del año 1789, Francia conoce las serias perturbaciones que acompañaron la caída de la Monarquía y los excesos de la época del Terror. En 1794 la nación se encuentra en una condición desesperada, y el Estado falta dramáticamente de científicos y de funcionarios técnicos. Para solucionar este problema, la Comisión de Salud Pública crea una Comisión de Obras Públicas por un decreto del 11 de marzo de 1794, que describe las misiones de lo que se convirtió en la Escuela Politécnica, en 8 meses solamente, lo que constituye como tal un éxito impresionante, se crea la Escuela Politécnica que nace el 21 de diciembre de 1794 en el antiguo Palais-Bourbon. A lo largo de estos más de 200 años de existencia, los profesores han sido nombrados de los científicos más reconocidos y los alumnos reclutados por la vía de un concurso anual.

La Escuela, toma su apellido definitivo de Ecole Polytechnique en septiembre de 1795, con su misión claramente definida hacia la formación científica orientada a: las matemáticas, la física y la química, disciplinas de base para que sus alumnos pueden después especializarse en escuelas de los varios servicios públicos del Estado, como entre otras Puentes y Carreteras, Minas, Ingeniería, etc…

Entre las diversas etapas de la Escuela Politécnica se encuentra una disciplinada escuela imperial, que florece entre los años de 1794 y 1804. En este período, se gradúan alumnos que

---

1   Antes de darles una breve reseña histórica de la Escuela Politécnica de París, tengo que dar las gracias por la celebración de hoy a mi señora. Además una conferencia de Historia impartida en la Alianza Francesa por el señor Cañas el día 9 de mayo de 2001, sobre el sismólogo Francés Conde Montessus de Balorre durante la cual me hizo conocer la historia de Joseph Albert Touflet, así como las condiciones de su fallecimiento en la batalla de Chalchuapa y el lugar de su sepultura. Mi señora porque siempre me recordó mi compromiso adquirido en aquel día de renovar la sepultura del Capitán de Artillería Joseph Albert Touflet. Ahora la reseña histórica de la Escuela Politécnica, escuela que tiene más de 200 años de historia lo que hace bien difícil resumir en poco tiempo.

se convirtieron en sabios de varias ramas como en matemáticas: Poisson et Pinsot; en Física: Biot y Malus y en química: Gay-Lussac. Debido a la excelencia de sus profesores, Napoleón Bonaparte selecciona a sabios como: Monge y Berthollet para la expedición científico-militar a Egipto.

En 1804 Napoleón Bonaparte, decide elevar el rango de la Escuela a Régimen Militar, esta decisión implicó crear un cuartel para albergar los alumnos y las aulas, esta decisión implicó crear un cuartel para albergar los alumnos y las aulas, cuartel ubicado en París en la Montagne Sainte Genevieve con los dos edificios del College de Naverre y el College de Boncourt. La Escuela se quedó en estos edificios durante 172 años....

Es Napoleón quién instauró la divisa de la Escuela: "Por la Patria, las Ciencias y la Gloria".

Después de la 1814, tropas extranjeras se acercan de París, pero la ciudad también fue defendida por artilleros alumnos de la Escuela Politécnica con un extraordinario coraje en el Barrio de Trône. No obstante esta acción a pesar de ser muy brillante, no logró detener la invasión y Napoleón abdicó a favor de Luis XVIII. Por un tiempo en 1876, la Escuela dejó de funcionar, pero, en 1817 el Rey Luis XVIII otorgó de nuevo la licencia a la Escuela.

A partir de ese año la Escuela obtuvo un nuevo estatus: no sería militar, tendrían uniformes civiles, habría internado, la disciplina sería muy importante, se impondrían obligaciones religiosas, pero siempre se formarían científicos para el Estado.

Para finales de la administración de Luis XVIII, el régimen entrante de Charles X, elevó la disciplina con rigor. Diversos acontecimientos sociales provocan la Revolución de 1830, y en ese año la Escuela recobra su estatus militar. Bajo el régimen del Emperador Napoleón III, la Escuela Politécnica afirma una estricta disciplina militar en los años de 1860.

Cabe destacar que el Tratado de Amistad, Comercio y Navegación entre imperio Francés y El Salvador es de 1859, mencionaremos que la primera delegación de asesores en infantería, artillería y caballería de nacionalidad francesa llegaron al puerto de La Libertad el 25 de noviembre de 1859, contratada por el senador Presidente General Gerardo Barrios, esta inicial delegación estaba integrada por Bernard Pradet, Jean Vazelle, Héctor Galliniery, Alex Biscouby, Maurice Melon, Charles A. Sherminier y B. Paúl Brun.

En Francia por esos años de las sucesivas promociones de la Montagne Ste. Genevieve, egresan científicos y técnicos; las Fuerzas Armadas absorben a muchos de estos militares educados en la Escuela Politécnica, entre ellos a Faidherbe y Denfert-Rocherau que salvaron el honor de Francia ante el desastre de la guerra de 1870. En este año de 1870 en El Salvador un Ingeniero Francés Louis de Bresse, que en el año de 1864 dirigió la construcción de la carrera entre San Salvador y La Unión, recibe el encargo de trazar un plano de la ciudad de San Salvador.

En Francia, estos años son acompañados de un pobre desarrollo económico que finalizan con el drama de 1870. La República se alza de la represión de 1870 en los acontecimientos conocidos como: La Comuna de París. Cuando la paz es definitivamente renovada, la Escuela politécnica participa en el esfuerzo nacional de reactivación económica. El Ejército emplea a ex alumnos del Politécnico sobre todo en las áreas de ciencias; por esos años debemos mencionar que en la promoción de 1873 egresa Henri Becqueral que será premio Nobel de Física.

Este contexto hace resaltar al Capitán Joseph Albert Touflet y al Conde Fernand Montessus de Balorre, ambos estudiaron en la Escuela Politécnica de París, pero es el momento de mencionar en este caso, que su amigo Dominique Saint-Jean quién también estudió en la Escuela Politécnica de París y como ex alumno siento un profundo sentimiento de orgullo por el ejemplo del valiente Capitán Joseph Albert Touflet, que con su coraje unió a dos naciones, en el marco de la amistad y la esperanza de un futuro… que es ahora.

Tengo otro punto común con el Capitán Touflet la calidad de artillero, cuando serví en un regimiento de artillería de campaña con cañones de calibre 155.

Nuestra empresa Telecom al propiciar la divulgación de Memoria del Capitán Joseph Alberto Touflet, fortalece la amistad entre todos los sectores de la sociedad salvadoreña y la francesa, lo promueve bajo las banderas de nuestras historias: la de Francia y la de El Salvador.

Al revisar la Historia nos sentimos orgullosos por el pasado, esperemos que el futuro escriba bajo el signo de la paz, los nombres de nuestras naciones: Francia y El Salvador.

Ahora debemos recordar al Capitán Joseph Albert Touflet, con las palabras de nuestra Ecole Polytechnique:

"Pour la Patrie, les Sciencies et la Gloire".

Muchas gracias.

Autoridades militares salvadoreñas y francesas
23 DE ABRIL Cementerio Santa Isabel, Santa Ana

De izquierda a derecha: Cnel. de Inf. DEM Jorge Alberto Barahona Pineda, General de Brigada José Edgar Campos Rivas, Cnel. Sauvageot Huber, Cnel. Jorge Armando Alfaro Bautista

Embajadora de Francia Lydie Gazarian, militares y representación diplomática
23 DE ABRIL 2003 Cementerio Santa Isabel, Santa Ana

De izquierda a derecha: Comisionado Principal Pose, Cnel. Sauvaget Huber, Agregado Militar
Embajadora de Francia, Lydie Gazarian; Michel Penaud, Consejero

Detalle del Monumento
23 DE ABRIL 2003 Cementerio Santa Isabel, Santa Ana

Celui-ci dans la tombe tu vois
Dormant le derniere rêve
Était plus que salvadorien
Car il e' étant français

Ing. Dominique Saint-Jean
23 DE ABRIL 2003 Cementerio Santa Isabel, Santa Ana

Ofrenda Floral Fuerza Armada de El Salvador
23 DE ABRIL 2003 Cementerio Santa Isabel, Santa Ana

Saludo Militar Oficiales Franceses
23 DE ABRIL 2003 Cementerio Santa Isabel, Santa Ana

**AMBASSADE DE FRANCE
EN EL SALVADOR**

La Embajada de Francia y Telecom
tienen el honor de invitarle al
Memorial Capitán Albert Touflet
(2 de abril 1885-23 de abril 2003)

Día   :   Martes 23 de abril de 2003
Hora   :   10 a.m.
Lugar   :   Cementerio General Santa Isabel de Santa Ana

Su asistencia dará realce al evento   Para excusas 271-7051

Capitán Albert Touflet

Realizó sus estudios en la Escuela Politécnica de París, miembro de la delegación militar francesa de 1876 durante la presidencia del Dr. Rafael Zaldívar, fue instructor de Artillería del Ejército de El Salvador y entre otros aportes contribuyó al diseño de los planos del Hospital General de la nación, al ser declarado ganador de un concurso público, su obra fue inaugurada el 13 de julio de 1902 y es conocido ahora como Hospital Rosales.

Falleció el 2 de abril de 1885, en la Batalla de Chalchuapa y fue horado con un decreto de gratitud del Gobierno de El Salvador D.O. t. 18 S.S 15 de abril de 1885 No. 89 con las siguientes palabras «prestó al Salvador con valor e inteligencia importantes y valiosos servicios, hasta morir en la gloriosa lucha que la República tuvo que sostener últimamente en defensa de su independencia y libertad....» Rafael Zaldívar Presidente de la República de El Salvador, 15 de abril 1885.

Legación
de la República
del Salvador

Paris, le 25 Mars 1880

Monsieur le Ministre,

Mon Gouvernement m'ordonne de communiquer à Votre Excellence, ainsi que je le fais par la présente lettre, qu'en vertu de la faculté que lui concède l'article 32 du traité d'Amitié et de commerce signé par le Salvador et la France le 2 Janvier 1858, dont les ratifications furent échangées le 21 Octobre 1859, il dénonce le dit traité, afin que ses effets cessent à l'époque fixée.

J'ose prier V. E. qu'Elle veuille bien faire enregistrer cette déclaration et m'accuser réception de cette lettre.

Je présens qu'il entre dans les vues de mon Gouvernement de proposer à celui de la République Française de nouvelles bases pour la célébration

À Son Excellence
Monsieur de Freycinet,
Président du Conseil, Ministre
des Affaires Étrangères. &c. &c. &c.

célébration d'un autre traité de commerce.

Il m'est très-agréable d'exprimer à V. E., que bien que les effets du traité d'Amitié et de commerce entre le Salvador et la France cessent d'exister, ce n'est pas pour cela que cesse de durer l'ancienne et cordiale amitié qui existe heureusement entre nos deux Pays. Dans le Salvador, Gouvernement et citoyens professent le plus vif sentiment de respectueuse sympathie pour cette grande Nation, et les Français, au Salvador, continueront à jouir non seulement des garanties que tous les États civilisés doivent accorder aux étrangers, mais ils seront l'objet de la plus vive sollicitude de la part de mon Gouvernement.

Quant à moi personnellement, qui dois tant de reconnaissance à la noble France, je me suis toujours efforcé à entretenir la meilleure intelligence entre la France et le Salvador, et en l'absence de traité, je sentirai grandir mon devoir de consolider, en tout ce qui dépendra de moi, ces relations amicales qui naissent de l'analogie de race, de sentiments, d'intérêts, d'aspirations et du respect que la France impose à tous, cette Nation vulgarisatrice de toute idée noble et féconde, généreuse dans l'hospitalité qu'elle qu'elle accorde aux étrangers, facteur principal de la civilisation actuelle.

Personnellement, j'ai rencontré dans le Département que V. E. préside si dignement la plus grande bienveillance dans l'accomplissement de mon mandat; et ceci m'impose des devoirs qu'il me sera toujours agréable de remplir.

Mon Gouvernement reconnaît les bienveillants procédés de la France, et ses actes seront toujours conformes à l'esprit d'équité, de justice et d'exquise courtoisie dont il a reçu de si nombreux témoignages ainsi que son Représentant.

Veuillez agréer, Monsieur le Ministre, les assurances de la très-haute considération avec laquelle j'ai l'honneur d'être,

de Votre Excellence,
le très-humble
et le très-obéissant serviteur.

J. M. Eyres-Cañas

Rinden homenaje póstumo a capitán de origen francés

FOTOS DE LA PRENSA/CARLOS HENRÍQUEZ

HÉROE. *Militares salvadoreños y franceses presidieron el homenaje póstumo al capitán artillero Albert Toufflet.*

CARLOS HENRÍQUEZ
departamentos@laprensa.com.sv

En el cementerio municipal Santa Isabel, de Santa Ana, se conmemoraron ayer los 118 años de la muerte del capitán artillero de nacionalidad francesa Albert Toufflet, quien falleció el 2 de abril de 1885, cuando combatía junto a soldados salvadoreños en Chalchuapa para evitar que fuerzas militares guatemaltecas ingresaran a territorio nacional.

El homenaje póstumo fue presidido por funcionarios de la Embajada de Francia, así como representantes de Telecom, jefes militares salvadoreños, autoridades de CONCULTURA y el gobernador político de Santa Ana, Gerardo Escalón, entre otros.

Un héroe

El capitán francés había llegado a territorio nacional como parte de un convenio militar entre Francia y El Salvador.

El país tenía como presidente de la república al doctor Rafael Zaldívar, quien lo galardonó como héroe al haber caído en combate contra las fuerzas guatemaltecas que buscaban la unión de Centroamérica de manera bélica por orden del mandatario guatemalteco Justo Rufino Barrios.

La embajadora de Francia en nuestro país, Lydie Gazarian, dijo que estaba emocionada e impresionada por este homenaje que le hacían a su connacional luego de muchos años de haber fallecido.

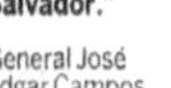

General José Edgar Campos

Coronel Sauvageot Huber

Dominique Sait-Jean, presidente de Telecom

Gerardo Escalón, gobernador de Santa Ana

Agregó que el capitán Toufflet llegó al país en cumplimiento del tratado de amistad franco-salvadoreño de 1859, fecha desde la cual se mantienen lazos de amistad entre ambos países en defensa de la libertad.

50 : Jueves 24 de abril de 2003 : *El Diario de Hoy*

EL PAÍS

Luchó en la batalla de Chalchuapa en 1885

Recuerdan muerte de militar francés

En el cementerio Santa Isabel, *autoridades del gobierno francés y salvadoreño conmemoraron el 118 aniversario de la muerte del capitán Alberto Touflet.*

Personal de CONCULTURA, Cancillería y Telecom, realizaron un homenaje a un militar francés que luchó por El Salvador

SANTA ANA

Antolín Escobar
El Diario de Hoy

La vida del francés Alberto Touflet estuvo marcada por el heroísmo. Fue en el año1876, cuando este capitán, estudiante de la Escuela Politécnica de París, vino a El Salvador como instructor de artillería al Ejército salvadoreño.

A iniciativa del ingeniero Dominique Saint Jean, presidente de Telecom, quien también estudió en la misma escuela que el capitán francés, ayer en la entrada principal del cementerio Santa Isabel se conmemoró el 118 aniversario de la muerte del capitán de artillería, y se restauró el mausoleo donde reposan sus restos.

Durante el conflicto armado de 1885 entre Guatemala y El Salvador, Touflet izó la bandera cuscatleca en Chalchuapa y se lanzó a la defensa del territorio. Murió en el campo de batalla, esa fue la primera piedra que cimentó las relaciones de amistad, comerciales y marítimas franco-salvadoreñas en 1844.

Diseñador

Este parisino también trajo al país muchos beneficios: diseñó los planos del actual hospital Rosales y las relaciones diplomáticas fueron selladas definitivamente con un tratado en 1889.

De esto hace 144 años que los lazos de amistad y comerciales entre Francia y El Salvador continúan. En parte, gracias al compromiso de Touflet, con la libertad del pueblo salvadoreño.

Autoridades diplomáticas francesas, miembros del Consejo Nacional para la Cultura y el Arte (CONCULTURA), personal de Telecom, el Ejército salvadoreño y Cancillería estuvieron presentes para honrar la memoria de Touflet.

César Ramírez, jefe de prensa de Telecom, indicó que a la empresa de telecomunicaciones apoyará la cultura y la educación. "Telecom con ayuda de CONCULTURA restauraron el monumento del capitán Touflet, el que formará parte del inventario de los Bienes Culturales de El Salvador", aseguró Ramírez.

ANTECEDENTES DE LA AMISTAD
FRANCIA - EL SALVADOR
EN EL SIGLO XIX

Homenaje al Capitán

Joseph Albert Touflet

César A. Ramírez A.

San Salvador, Diciembre 2002

ÍNDICE

INTRODUCCIÓN

La historia de los oficiales franceses destacados en la segunda mitad del siglo XIX, muestra una formidable entrega hacia su segunda Patria El Salvador.

Es de hacer notar que durante el siglo XIX la influencia de las ideas francesas sobre la libertad y los derechos humanos se propagaron por toda América Latina.

En Centroamérica ese acontecimiento no pasó desapercibido. Pero en el sentido estricto de la relación diplomática entre El Salvador y Francia, ésta se inicia en 1859 con la firma del tratado de amistad entre estas naciones.

Durante la Batalla de Chalchuapa el capitán Albert Touflet muere defendiendo la República. En agradecimiento se le honra como Héroe Nacional, este destacado militar francés combatió junto al ejército nacional durante la invasión de Guatemala a El Salvador en 1885.

Su sangre unida a los soldados salvadoreños honra la memoria de 143 años de amistad entre Francia y El Salvador.

Honor a Francia

Honor a El Salvador

La gratitud de la Patria se ha escrito con el nombre del Capitán Albert Touflet.

APORTES DE FRANCIA
AL MUNDO EN EL SIGLO XIX

En breves palabras podemos resumir lo que muchas culturas sienten por Francia, es simplemente la admiración por su pasado.

Durante los siglos XVIII y XIX existen una sucesión de acontecimientos en Francia que tienen resonancia mundial, en 1789 se inicia la Revolución Francesa y ese mismo año se efectúa la Declaración de los Derechos Humanos y del Ciudadano; es así que una nueva divisa acompaña la defensa de la joven República, el 20 de Noviembre de 1792 en Valmy contra los coaligados, se lucha a la voz de ¡Viva la nación!

El 10 de Mayo de 1804 se proclama el imperio y a partir de 1808 acontece la guerra contra España, esta acción desencadena el ansia de independencia de todo el continente. Estos acontecimientos tienen gran influencia en los jóvenes caudillos de América Latina, mencionemos la vivencia y educación de Simón Bolívar en Francia y otra personalidad fue Francisco Miranda quien participó en la lucha de independencia de Estados Unidos, fue General de la Revolución Francesa y finalmente se unió a Simón Bolívar en la lucha por la independencia, finalmente murió en las cárceles españolas.

Muchas de las actividades de Francia han sido milimétricamente escritas, por ello sabemos de las insurrecciones parisienses en 1830, la proclamación de la II República en 1848, de ellas las referencias de Alejo Carpientier en su libro «El siglo de las luces» y la abolición de la esclavitud en ese mismo año, si estudiamos la simultaneidad de acciones y las influencias libertarias originadas en Europa, podemos apreciar cómo se suceden acontecimientos militares, pero también civiles; del 25 de marzo al 28 de mayo de 1871 se sucede el fenómeno social conocido como «Comuna de París» que ya refirió Carlos Marx en sus escritos filosóficos y también su libro: Lucha de Clases en Francia. Pero debemos agregar que muchos intelectuales de esa época simplemente revolucionaron al mundo, algunos de ellos: Gustave Eiffel (1832-1932); Charles Garnier (1825-1899); André Amperé (1775-1836); Claude Bernard (1813-1878);Louis Pasteur (1822-1895); Pierre y Madame Curie. En la literatura destacan: H. Balzac, Condea de Segur, Alejandro Dumas, Víctor Hugo, Gustave Flaubert, Julio Verne, Jean Nicolás Arthur Rimbaud (1854-1891) etc.

Antecedentes El Salvador al inicio de la segunda mitad del Siglo XIX

A partir del año 1859 se inicia una reorganización del Ejército de El Salvador, para ello se contrata a personal extranjero como el Gral. José M. Melo[2] el Gobierno es presidido por el General Gerardo Barrios y el ejército sufre muchos cambios en su organización interna, tanto así que se nombra Inspector General al Gral. José M. Melo[3], simultáneamente a estos acontecimientos se emite un Decreto con fecha 18 de junio de 1859[4], el presidente realizaba diversas visitas a los sitios productivos de la nación[5], y simultáneo a ello reestructuraba al Ejército nacional[6], se debe hacer notar que el Estado desde hace unos meses tiene un conflicto profundo con las autoridades eclesiales en sus diversos niveles[7], mientras al exterior de la nación los filibusteros tratan de "comprar la isla de Cuba" por medio de una llamada "emigración civil" estos personales son encabezados por el célebre William Walker[8].

---

[2]   Gaceta Oficial No. 5 t. 8 21 de mayo de 1859.

[3]   Gaceta Oficial No. 9 y 10 t. 8 4 y 8 de junio de 1859.

[4]   Gacela Oficial No. 13 t. 8 18 de junio de 1859 "Decreto del Gobierno del 13 de junio, que da nueva organización al Ejército de la República

El Ministerio General

El General Senador Presidente de la República de El Salvador

Considerando:

1° Que es necesario organizar el Ejército de la República y elevarlo al más alto grado de respetabilidad; 2° que mientras se concluyan los arreglos de los cuerpos, sea indispensable darle hoy un nueva forma que acelere su movimiento y progresos se ha tenido a bien decretar y

DECRETA

Artículo 1.- El Ejército de la República se dividirá por ahora en tres divisiones que se denominarán: División Vanguardia, División Centro y División Reserva.

Artículo 2.- Para la organización de éstas, se destinan una brigada de artillería veterana y un batallón veterano con el nombre de Legión Veterana

Un batallón número 1° G de Honor San Salvador

Un batallón número 2° GN Santa Ana

Un batallón número 3° GN Sonsonate

Un batallón número 4° Suchitoto y Chalatenango

Un batallón número 5° Cojutepeque

Un batallón número 6° San Vicente

[5]   Gacela Oficial No. 5 t. 8 21 de mayo de 1859

[6]   Gacela Oficial No. 14 t. 8 22 junio 1859

[7]   Gacela Oficial No. 15 t. 8 25 junio 1859

[8]   Gacela Oficial No. 15 t. 8 25 junio 1859

Existe un lastre insinuado en diversas publicaciones, esto es la resistencia de elementos civiles al régimen del Presidente Barrios, esta se expresa por la condición de los emigrados[9], en diversas acciones los emigrados realizan acciones para invadir la nación, se agrupan en Nicaragua y posteriormente en las fronteras de Honduras y El Salvador.[10]

Un notable acontecimiento que se realiza en este año es la creación de un Colegio Militar bajo la dirección del General José María Melo[11], de la misma manera que se reciben desde Europa un nuevo vestuario para la tropa, un total de 2 mil uniformes, 8 cañones, municiones y se refiere la llegada de un jefe científico militar, que disciplinará al Ejército nacional.[12]

El gobierno de la República impulsa una vigorosa iniciativa hacia la instrucción pública[13], el gobierno nombra comisiones para la renovación de leyes y apoya al Colegio la Asunción, el Código Penal es reformado[14], por el prolongado conflicto entre el Estado y la Iglesia, las unidades militares de El Salvador se pronuncian en apoyo del Gral. Barrios[15], mientras los "emigrados" continúan creando problemas a las autoridades establecidas, una de ellas se refieren a la posible invasión a San Miguel[16], los filibusteros de nuevo son amenaza para la región, no obstante sus fuerzas no parecen ser una amenaza considerable[17]

---

[9]   Gacela Oficial No. 18 t. 8 16 julio 1859
[10] Gacela Oficial No. 18 t. 8 6 julio 1859
[11] Gaceta Oficial No. 19 t. 8 9 de julio de 1859
[12] Gaceta Oficial No. 19 t. 8 9 de julio de 1859
[13] Gaceta Oficial No. 30 t. 8 20 de agosto de 1859
[14] Gaceta Oficial No. 30-31 t. 8 20-31 de agosto 1859
[15] Gaceta Oficial No. 39-40 t. Sep.-Oct. 1859
[16] Gaceta Oficial No. 43 t. 8 19 de Octubre 1859
[17] Gaceta Oficial No. 48 t. 8 19 de noviembre 1859

Tratado de amistad, comercio y navegación Entre la República de El Salvador y Francia[18]

Este tratado marcó la primera acción diplomática y de relaciones internacionales entre pueblos amigos, el contenido de este importante tratado, no solo es político, sino que también marca un signo amistad entre las naciones, en este orden de ideas importantes contratos con especialistas franceses en diversas áreas.

El gobierno de la República encabezado por Gerardo Barrios pide oficialmente que instructores de diversas ramas militares lleguen al país[19], entre los distinguidos académicos se mencionan los señores: Bellegarrigue y Bouineand, con funciones literarias y entre los militares a los señores: B.P. Brun, Carlos A. Sherminier, Bernardo Pradet, Juan Vezelle, Alejo Biscouby y Melou[20]

Guatemala durante esos años es presidida por el presidente Rafael Carrera, intervino en las fronteras de Chiquimula y del territorio hondureño para impedir acciones desestabilizadoras de emigrados salvadoreños[21], mientras estos acontecimientos se profundizan, la Universidad de El Salvador sufre un decreto que reforma sus estatutos.

El conflicto Iglesia-Estado se polariza, se realiza la expulsión de los sacerdotes capuchinos por provocar desórdenes públicos[22], este incidente aconteció en Santa Ana.

Mientras tanto se realizan modificaciones arquitectónicas en los cuarteles militares, incluyendo el antiguo Convento de San Francisco de manera que puedan servir en el futuro como Hospitales de huérfanos[23], la llegada de oficiales franceses causa nueva motivación de estudios en el ejército nacional, los profesores militares son oficiales artilleros y oficiales de arte militar[24], es en esta época que la Asamblea Legislativa otorga el título de Capitán General del Ejército al Presidente Gerardo Barrios[25] y días después es ratificado como presidente electo.

---

[18] Anexo 1
[19] Gaceta Oficial No. 49 t. 8 26 de noviembre 1859
[20] Gaceta Oficial No. 49 t. 8 26 de noviembre de 1859
[21] Gaceta Oficial No. 50 t. 8 3 de Diciembre de 1859
[22] Gaceta Oficial No. 59 t. 8 11 de enero de 1860
[23] Gaceta Oficial No. 63 t. 8 25 de enero de 1860
[24] Gaceta Oficial No. 63 t. 8 25 de enero de 1860
[25] Gaceta Oficial No. 63 t. 8 28 de enero de 1860

Acontece que la fragilidad constitucional y su interpretación, de la misma manera que la lentitud de sus reuniones, dificultan las decisiones del Gobierno Central, por lo que el presidente Barrios pide facultades extraordinarias que se le otorgan el 15 de febrero de 1860 y de la misma manera se realizaban reformas en el ramo militar.[26]

En los archivos históricos de la Fuerza Armada de El Salvador, se menciona al militar francés apellido Gallinier como el oficial que organizó el Escalafón Militar por riguroso ascenso, el cual incluía años de servicio y exámenes para poder optar al grado inmediato superior.

Durante el año 1861 el gobierno de la República exige una rigurosa estadística demográfica[27] y traslada las fiestas de agosto para el 25 de diciembre de cada año, las autoridades eclesiales muestran severo descontento[28].

Las diferencias entre el Estado y la Iglesia se profundizan, tanto así que se mencionan al Vaticano[29] para su intermediación, se somete a los religiosos a un juramento institucional[30] y la iglesia responde con sedición, al tiempo que los dirigentes eclesiásticos se evaden hacia Guatemala[31]

Además, el Gral. Barrios introdujo nuevas armas para uso del ejército[32], en sustitución de las Españolas de la época del Rey Fernando VII. Este fue el inicio para que la institución armada tomara un carácter técnico-científico. Durante esta época el Ejército Nacional participó en la campaña militar contra Guatemala y en alianza con Honduras, en la campaña contra Nicaragua, ambas en 1863.[33]

---

[26] Gaceta Oficial No. 69 t. 8 15 de febrero de 1860

[27] Gaceta Oficial No. 4 t. 10 23 de octubre de 1861

[28] Gaceta Oficial No. 4 t. 10 26 de octubre de 1861

[29] Gaceta Oficial No. 5 t. 10 26 de octubre de 1861

[30] Gaceta Oficial No. 9 t. 10 13 de noviembre de 1861

[31] Gaceta Oficial No. 10 t. 10 23 de noviembre de 1861. El Obispo Tomás Miguel Pineda y Saldaña se evadió hacia Guatemala.

[32] Juan Galdámez Armas – Citado por Ana Milagro Consuegra de Álvarez en su libro: Breve estudio de la influencia de Francia en El Salvador escribió-: En noviembre de 1859, llegaron los oficiales franceses B.P. Brun, Carlos A. Sherminier, Bernardo Pradet, Juan Vazell y Alejo Biscouby y M. Melou.

33 Otros oficiales destacados durante la administración del Capitán General Gerardo Barrios fueron los oficiales: Vazelle, Gallinier, Quinot, Magginis y Gral. Olaffen (padre e hijo), que durante la guerra contra Guatemala cubrieron su retirada, en San Salvador el 26 de octubre de 1863, fueron prisioneros del Gral. Carrera que les llevo a Guatemala y les expulsó por Izabal.

El 1° de julio de 1868, siendo Presidente del Estado el Dr. Francisco Dueñas, se creó la primera "Escuela Politécnica" de El Salvador, y la primera de Centroamérica, cuyo director fue el Capitán español Luis Pérez Gómez. Los profesores militares fueron oficiales de origen español. De este centro egresaron los Generales Valentín Amaya, Benjamín Molina Guirola, Carlos Ezeta, Horacio Villavicencio, Indalecio Miranda, Felipe Barrientos, Nicanor Fonseca, Potenciano Escalón, Doroteo Funes, Carlos Zepeda, José Antonio Chica, Casimiro Escobar, Carlos Tiberio Avilés y los artilleros Próspero Aguilar y Benito Carranza, estos dos últimos considerados como los mejores artilleros del Ejército Salvadoreño de esa época.

En 1872 los gobiernos de El Salvador y Guatemala decidieron fusionar sus fuerzas y hacerle la Guerra a Honduras. Los salvadoreños invadieron el territorio hondureño con tres columnas, una por Nacaome, otra por el Golfo de Fonseca, y la última por Chalatenango.

En 1873, surge un movimiento revolucionario al oriente de Guatemala, que al ser combatido por las fuerzas de aquel país, se interna en Honduras donde son derrotados. Al ejército de Guatemala se le unió una columna de soldados salvadoreños que iban en apoyo del Dr. Céleo Arias, que combatía también a los rebeldes.

En 1876, siendo Presidente de la República el Dr. Rafael Zaldívar, nombró como instructores del Ejército a los oficiales franceses para adiestrar la artillería: Conde Fernando Montessus de Ballore, Alberto Touflet, José María Francés y Roselló, y al Sr. Sherving[34].

Es importante mencionar que el Convenio Consular firmado entre Francia y El Salvador es ratificado el 14 de febrero de 1879[35].

Según Decreto Presidencial del 1 de abril de 1879, el Ejército Salvadoreño estaba compuesto por veinte mil efectivos organizado en cuatro divisiones: Oriente, Centro, Occidente y Reserva cada una de estas divisiones estaba conformada por cinco mil hombres.

La relación de amistad entre Francia y El Salvador (23.01.1883) avanza hacia términos de propiedad científica literarias o artísticas, en ese sentido se firma una convención entre las naciones de recíproca propiedad[36].

---

[34] Archivos militares del Departamentos de Historia Militar de la FAES
[35] Anexo 2 Texto completo de ratificación de Convenio Consular Francia-El Salvador 1878.
[36] Anexo 3 Texto recuperado (Incompleto Museo David J. Guzmán)

Mientras en la República de Guatemala es presidida por el General Justo Rufino Barrios, su tendencia liberal le hizo proclamar la "Unión Centroamericana por la fuerza y se proclama su Jefe Militar", así al decretar la Asamblea Legislativa de Guatemala esta unión de facto en Centroamérica, entró en conflicto con el Gobierno de El Salvador a partir del 7 de marzo de 1885[37], para los siguientes días Guatemala invade a El Salvador y acontece la Batalla de Chalchuapa donde el Héroe francés Alberto Touflet combate junto al ejército de El Salvador y triunfa sobre las tropas guatemaltecas, en esta batalla pierde la vida el General Justo Rufino Barrios.

---

[37] Anexo, 4, 5, 6

LA BATALLA DE CHALCHUAPA[38]

Después[39] de haberse concentrado a Chalchuapa[40] las tropas salvadoreñas que habían combatido en el Coco, procediéndose a reorganizar los batallones para hacer la defensa de aquella ciudad. Por disposición del General en Jefe, desde el 30 de marzo, el General de División Adán Mora había ido a Cahalchuapa a hacerse cargo del mando del ejército situado en dicha población, quedando de segundo el General Carlos Molina.

La población de Chalchuapa está situada en una superficie sinuosa que pudiera llamarse una meseta. Esta se halla al pie de una colina llamada del Calvario, que corre de Oriente a Occidente y se alza al Sur de Chalchuapa. Esa especie de meseta es la continuación de la planicie que arranca desde el pie de las lomas del Portezuelo, al norte, el terreno desciende suavemente hasta llegar al río Pampe. Chalchuapa se halla desde hace mucho antes de la época de la independencia guarnecida por altas y sólidas cerca de piedra, en donde en 1828 las fuerzas federales al mando del General Arzú, combatieron ventajosamente contra el ejército salvadoreño que obraba a las órdenes del General Merino.

Anticipadamente había mandado el General en Jefe del Ejército levantar trincheras en los puntos convenientes y hecho situar considerable número de tropas para defender la línea fortificada que enlazaba aquella población con el Portezuelo, el ante-mural de Santa Ana y con las plazas de Atiquizaya y de Ahuachapán. En esta línea estribaba en primer término la salvación de la República, pues aunque había otros puntos por donde el enemigo podía internarse al territorio, no eran a propósito para la conducción del tren de artillería; y además todos estaban cubiertos con tropas salvadoreñas situadas en lugares donde podían resistir con ventaja a los ataques de tropas superiores en número. Muy acertada fue y los hechos lo han confirmado plenamente, la fortificación de la plaza de Chalchuapa, porque no convenía dejar aquella población tan abastecida en poder del enemigo; su posesión importaba además nuestra fácil comunicación con las plazas de Atiquizaya y Ahuachapán, salvo a que nos resignáramos a perder esas ventajas y hacer un trabajoso e incómodo rodeo por Apaneca para comunicarnos con la línea fortificada fronteriza. Además de esto la ocupación de Chalchuapa por el enemigo era una amenaza contra la plaza de Atiquizaya, y desde el principio de la

---

[38]   Del "Boletín del Ejército" número 19, publicado en Santa Ana el 12 de abril 1885.
[39]   Se respeta ortografía del original
[40]   Anexo 7

campaña, aparte de toda otra consideración, el General en Jefe había adoptado el plan de disputar al enemigo el suelo patrio palmo a palmo, combatiendo desde la línea fronteriza, para rechazar como lo exigía la opinión, la conquista descubierta y llana que se habían propuesto a todo trance llevar adelante el General Barrios. Ningún poder humano, dijo al desenvainar la espada, es capaz de retraerme de llevar la guerra a Centroamérica. La cuestión era, pues de ser o no ser, y de aquí la solicitud asidua, la inteligencia y previsión del Jefe de El Salvador en las disposiciones dictadas para defender la independencia nacional.

Los puntos atrincherados de mayor significación en Chalchuapa eran la "Casa Blanca", situada al Oriente y en el término de la población, los lugares situados al Norte como a tres cuadras de la plaza, en el camino que conduce al Pampe y un poco al Occidente de este camino, y el reducto de Occidente. La plaza no tenía solo estas defensas, porque en la cima de la colina del Calvario había trincheras cubiertas de tropas, en donde se habían situado un cañón Krup de a 7, y que podía considerarse como una segunda línea fortificada. Tomada Chalchuapa, el ejército salvadoreño hubiera podido situarse en aquellas alturas y batir al enemigo, haciendo así infructuosas la toma de la ciudad.

Hallábase defendiendo la población las fuerzas de los Generales Indalecio Miranda, Pedro Escalón, Felipe Barrientos, Manuel Montalvo, Doroteo Funes y Rafael Osorio. Al General Escalón estaba encomendada la defensa de la "Casa Blanca", formando todas las tropas, inclusas las que se hallaban en la colina del Calvario, unos dos mil ochocientos hombres a lo más, favorecidos por unas piezas de artillería, y mandadas por Jefes dispuestos a morir antes que ver la humillación y la deshonra de la patria.

Habiéndose internado el enemigo al territorio, derivó unas cuantas divisiones sobre los atrincheramientos de San Lorenzo, defendidos por el valiente General Monterrosa y, avanzó sobre Chalchuapa con el grueso del ejército, que ascendería a ocho mil hombres poco más o menos. Ocupóse el día 31, en situar su artillería en puntos de donde pudiese dominar a Chalchuapa, y al efecto, abrió una trinchera sobre la loma de Tachipéhuil, distante cuatro mil metros de la plaza. El día 1 de Abril parte del Ejército llegó a la aldea de San Juan Chiquito.

A las ocho de la mañana de ese mismo día el enemigo abrió sus fuegos de artillería y comenzó a lanzar granadas sobre la población incesantemente, sin que este ataque haya dado otro resultado que estropear las paredes y tejados de los edificios. En los momentos de romperse el fuego, el General en Jefe dijo lo siguiente por telégrafo a los jefes que defendían a Chalchuapa: "En manos de ustedes están hoy el honor de la República, y el triunfo de la causa más grande que se ha sostenido en Centroamérica. No le recomiendo el valor porque sé muy bien que se asienta en todos Ustedes hasta poder llegar al heroísmo. Lo que deseo es que haya mucha armonía y unión, que cada uno se mantenga firme en su puesto, que todos estén siempre listos para cumplir las órdenes del jefe y que procuren mantener una severa disciplina en el Ejército. Están ustedes en el campo de la gloria y tienen que recoger muchos laureles para sí y para la Patria". Estas elocuentes y proféticas palabras se realizaron el día siguiente.

La pieza de artillería situada en la colina del Calvario contestó con buena puntería a los disparos del enemigo, y por largo rato cruzáronse las balas sobre la población de colina a colina. El enemigo suspendió el fuego como a las 11 del día; notábase que su artillería tomaba posiciones en puntos más cercanos veíanse además desfilar gran cantidad de tropa y todo presagiaba un próximo y formidable ataque. Los fuegos de artillería comenzaron nuevamente como a la una y media de la tarde, granadas estallaban por todas partes y algunas horas después el valiente General Carlos Molina fue herido en la cara, quedando fuera de combate. Ocupó su puesto del General Miranda.

En el cuartel general se tuvo noticia que el enemigo intentaba cortar el camino carretero de Chalchuapa a Santa Ana, y para evitarlo dispuso el General en Jefe hacer salir quinientos hombre mandados por el Coronel Ignacio Marcial. Este Jefe avanzó sobre la carretera sin encontrar obstáculo alguno y situóse con su tropa en el lugar llamado "Los Caulotes" frente al camino transversal de Amulunga, por donde probablemente se presentaría el enemigo.

A los ocho de la mañana del memorable día 2 de abril el enemigo rompió con mayor tesón sus fuegos de artillería al mismo tiempo que, formando con su infantería un gran semicírculo hacia el Norte de la población, abrió un terrible fuego de fusilería que fue contestado por los salvadoreños con igual brío. El estruendo era tan grande, una humareda espesa cubría aquel campo de muerte, las balas silbaban por todas partes y las granadas estallaban con estrépito por doquiera, pudiendo decirse que no había un punto donde estar al abrigo de sus terribles y destructores efectos; y a los Gritos de "Viva El Salvador" "Viva el Presidente de la República" sucedían las descargas de fusilería llevando la muerte y terror a las filas enemigas. "La cuestión, telegrafió el General en jefe a los defensores de la plaza, es de vida y muerte de una manera decisiva; en el valor y la lealtad de ustedes ESTÁ LA SUERTE DE

LA REPÚBLICA. ¡Ánimo! Que debemos triunfar, sosténgase cada cual en su puesto somos superiores por las armas y sobre todo por la justicia".

Temió el enemigo que fuerzas salvadoreñas saliesen a favorecer a los defensores de Cahlchuapa, y para evitarlo hizo mover dos mil hombres a mando del General Camilo Álvarez sobre el camino carretero que conduce a Santa Ana.

Álvarez desalojó de "Los Caulotes" la pequeña fuerza del Coronel Marcial, dispersó a los pocos hombres que mandados por el General Jaime Ávila fueron en protección de aquel Jefe, y parapetándose en medio del camino, dispuestos a disputar el paso a los salvadoreños.

Mientras el enemigo interceptaba así el camino carretero de Chalchuapa a Santa Ana, el ataque era empeñado con mayor fuerza sobre la "Casa Blanca", alrededor de la cual a una distancia de cuatrocientas varas tomó posiciones y emprendió un nutrido fuego de fusilería y artillería. Este ataque se empeñaba al mismo tiempo que el enemigo hacia llover balas y granadas sobre los atrincheramientos del Norte, fuego que los nuestros contestaban de la misma manera, animados por los valientes, Jefes y Oficiales encargados de la defensa de la plaza. Su artillería era bien manejada, pero la nuestra no lo era menos, dirigida por el denodado e inteligencia Capitán francés Alberto Touflet que desgraciadamente cayó herido el día primero, víctimas de su generoso entusiasmo por ayudar al (El) Salvador en la guerra que fue provocada por el General Barrios. Los servicios prestados por Touflet merecen la eterna gratitud de la Patria. El funcionaba como oficial agregado al Ejército. El día dos la artillería era comandada por el teniente Coronel Próspero Aguilar.

En ese combate memorable y sangriento halló una muerte gloriosa el activo y valiente General Osorio, quien, al exhalar el último aliento no pensó más que en la patria. Con su heroica y gloriosa muerte ha dejado un gran ejemplo que imitar.

Cuando se notó que el enemigo trataba de apoderarse a todo trance de la "Casa Blanca" y que empeñando sobre ella lo mejor de sus tropas hacia un esfuerzo desesperado, el valiente y aguerrido Miranda a cuyo cargo estaba esa línea, hizo llevar hacia aquel punto un cañón revólver que con sus incesantes disparos comenzó a hacer sobre los enemigos un fuego mortífero. Poco después mandó el Jefe de Operaciones, atento siempre a todo, nuevas tropas en apoyo de ese punto, y una ametralladora fue también colocada a poca distancia de aquel lugar, sembrando la muerte y el terror entre las filas enemigas. Tuvieron después de que el General

Barrios al notar que sus tropas comenzaban a desalentarse con vista de la tensa defensa de la plaza de las considerables bajas que las balas salvadoreñas causaban en su ejército, lanzó a su guardia de honor y dirigió personalmente el ataque sobre la "Casa Blanca", más el fuego era tan nutrido que una bala le hirió en el pecho, quedando muerto en el acto. Tan palpable es que la causa de la guerra era la voluntad extraviada del Presidente de Guatemala, que ha muerto éste, el enemigo comenzó a flaquear en toda la línea, la fuerza de Camilo Álvarez evacuó "Los Caulotes" dejando enteramente libre la carretera de Chalchuapa, muchos batallones se desbandaron, la retirada comenzó, y con mucho esfuerzo pudieron los jefes y Oficiales salvar las piezas de artillería. A las cuatro de la tarde el fuego había cesado por completo, y el enemigo huía hacia la frontera; bien pronto el Jefe de Operaciones mandó explorar el campo en donde se encontraron considerables pertrechos de guerra y contempláronse con honor a más de mil quinientos cadáveres que yacían en aquel campo. Honor y gloria a El Salvador, honor y gloria al General en Jefe del Ejército que supo hacer morder el polvo al que en criminal intento, en mala hora sojuzgar y darla luego a la República. El vencedor del General Barrios ha sido además del libertador de la América del Centro y ojalá sea él quien ponga fin a la tirana en la patria de Morazán y el iniciador de una política de paz y de verdadera libertad legal en estas comarcas tan perseguidas por el espíritu de caudillaje, y por los gobiernos personales y arbitrarios. Esta victoria nos cuesta la sangre de muchos valientes, entre quienes merece contarse en primera línea al Brigadier Osorio; murieron también el Teniente Coronel Braulio Aragón, los Capitanes Joaquín Leiva, Carlos Barraza y Alberto Touflet y otros muchos que ofrecieron generosamente sus vidas en servicios de la causa santa de la libertad de la patria, y a quienes ésta debe conservar siempre un recuerdo de gratitud. Con la muerte de Leiva ha perdido la patria un oficial valiente he instruido, y un abnegado ciudadano. Por nuestra parte en la clase de tropa no tuvimos más que cincuenta muertos y cómo ciento cincuenta heridos. Como se ve, existe gran desproporción con las bajas sufridas por el ejército enemigo, porque los guatemaltecos fueron obligados a batirse en campo raso sin que durante el combate hayan logrado la más insignificante ventaja.

Estas son las pruebas dolorosas porque tiene que pasar un pueblo tiranizando que ha venido a derramar su sangre por el simple capricho de un hombre, que creyéndose superior a todo, aún a la justicia divina, quiso extender con el pretexto de nacionalidad, su dominación oprobiosa sobre todo Centroamérica. Por lo que a nosotros toca, consta a todos que el Presidente de la República tan inclinado a la paz y a las medidas de conciliación. Hizo cuanto le fue posible por evitar un derramamiento de sangre centroamericana, pero Barrios estaba resuelto, como el mismo lo dijo, a entenderse a balazos con los separatistas, y los traidores, entendiéndose por tales los que rechazaban su tiránica dominación; y acostumbrado a llevar adelante sus caprichos, desoyó hasta la intención amistosa del Cuerpo Diplomático y vino a pagar con la muerte la enorme falta que había cometido. ¡Gloria bien merecida al Salvador que luchó solo por las libertades públicas de Centroamérica! ¡Monumentos de eterna memorias a los héroes que sucumbieron en servicio de la mejor de las causas y paz a los muertos! Que de las cenizas de las víctimas brote el árbol fecundo de la paz y que el último día en la vida del que fue Justo Rufino Barrios sea también el último de la tiranía para no reaparecer jamás en el suelo de nuestros mayores."

Existen versiones no oficiales que denotan la ferocidad del combate[41] de informes provenientes de los campos de batalla, con descripciones épicas y heroicas, cabe destacar que el Héroe francés brilla en esa batalla contra el invasor.

El Gobierno de El Salvador[42] honró la memoria del Capitán Alberto Touflet en su declaración oficial:

El Supremo Gobierno, tomando en consideración que el Capitán Francés don Alberto Touflet prestó al Salvador con valor e inteligencia importantes y valiosos servicios, hasta morir en la gloriosa lucha que la República tuvo que sostener últimamente en defensa de su independencia y libertad contra las huestes de Guatemala, y que por tan relevante conducta se hizo acreedor a la gratitud de la patria. ACUERDA: señalar a la madre del Capitán Alberto Touflet la pensión vitalicia de doscientos francos mensuales. Esta pensión se pagará por el Consulado general del Salvador en París.

---

[41]   Ver anexo 7

[42]   D.O. t. 18 S.S. 15 de Abril de 1885, No. 89

RAFAEL ZALDÍVAR
PRESIDENTE DE LA REPÚBLICA DEL SALVADOR
15 DE ABRIL DE 1885

En 1894, llegó al país otra misión francesa integrada por el Capitán Emilio Walkiers y los Tenientes Luciano Hontinet y Julio Bías[43], esta misión sucedió durante la administración de las presidencias del Gral. Carlos Ezeta 1890-94 y la del General Rafael Antonio Gutiérrez 1894-98.

---

[43] Archivos del Departamento de Historia Militar FAES

Conclusiones

La misión francesa tiene un destacado sitio en la Historia de El Salvador.

La defensa de los oficiales franceses por la soberanía de El Salvador marca un signo de gratitud de la Patria hacia el Capitán Albert Touflet, su memoria permanecerá en las futuras generaciones por siempre.

La gratitud de la Patria hacia Francia y su heroica misión iniciada por el Tratado de Amistad Comercio y Navegación entre la República de El Salvador y la Francia, suscrito desde el 26 de noviembre de 1859 destaca los 143 años de amistad entre pueblo hermanos.

INSTRUMENTOS INTERNACIONALES SUSCRITOS ENTRE LA REPÚBLICA DE EL SALVADOR Y LA REPÚBLICA DE FRANCIA 1859 – 1899

- Tratado de Amistad, comercio y navegación entre la República del Salvador y la Francia. Gaceta Oficial San Salvador 26 de noviembre de 1859[44].

- Convención Consular con Francia, Diario Oficial T. 6 San Salvador 20 de febrero de 1879 No. 41. Ratificación de Convención Consular[45]

- Convención sobre garantía recíproca de la propiedad de las obras científicas literarias o artísticas. Diario Oficial T. 19 San Salvador 23 de enero de 1883. No. 14[46]

---

[44] Antecedentes de Libertad de Inversión; Comunicación y Transporte. Art. 3 y 4
[45] Ratificación de Continuidad Consular
[46] Antecedentes de Derecho de Autor

ANEXO 1
TRATADO DE AMISTAD, COMERCIO Y NAVEGACIÓN ENTRE LA REPÚBLICA DEL SALVADOR Y LA FRANCIA.[47][46]
MINISTERIO DE RELACIONES EXTERIORES.
EN EL NOMBRE DE LA SANTISIMA TRINIDAD

Habiéndose establecido, hace muchos años, numerosas relaciones de comercio entre la República del Salvador y el Imperio Francés se ha juzgado útil regularizar la existencia y favorecer el desarrollo de ella, por medio de un Tratado de Amistad, Comercio y Navegación.

Con tal objeto han nombrado sus plenipotenciarios, a saber: S.E. Don Rafael Campo, Presidente de la República del Salvador, al Señor Don José Antonio Ortiz Urruela Abogado de los Tribunales de España y sus colonias y de los de la República de Guatemala y Su Majestad el Emperador de los Franceses a Mr. Adolphe Francois de Botmiliau, Caballero de la Orden Imperial de la Legión de honor; su Cónsul General y Encargado de Negocios en los Estados de la América Central.

Los cuales Plenipotenciarios, después de haber comunicado sus respectivos plenos poderes; y habiéndolos encontrado en buena y debida forma, han convenido en los artículos siguientes:

Artículo 1

Habrá paz constante y amistad perpetua y sincera entre la República del Salvador por una parte; y su Majestad el Emperador de los Franceses, sus herederos y sucesores por otra parte; y entre los ciudadanos y súbditos de ambos Estados, sin excepción de personas ni de lugares.

Artículo 2

Habrá recíprocamente una completa y entera libertad de comercio y de navegación para lo buques y sus cargamentos, como también para los ciudadanos y súbditos de las dos altas

---

47 [46]Tratado de Amistad, comercio y navegación entre la República del Salvador y la Francia. Gacela Oficial, San Salvador 26 de noviembre de 1859.

partes contratantes en todos los lugares, puertos y ríos del Salvador y de Francia donde la navegación es actualmente permitida, o se permita en lo de adelante para los buques de cualquier otra nación extranjera.

Los salvadoreños en Francia y los franceses en El Salvador, gozarán a este respecto de la misma libertad y seguridad que los nacionales. Para el comercio de escala y cabotaje, serán tratados como los ciudadanos súbditos de la nación más favorecida.

Articulo 3

Los ciudadanos y súbditos de cada uno de las altas partes contratantes podrán recíprocamente entrar con toda libertad en cualquier parte de los territorios respectivos, residir en ellos, viajar, comerciar, así por mayor como por menor, arrendar y poseer los almacenes y tiendas de que tengan necesidad, hacer transporte de mercaderías o de plata, recibir consignaciones tanto del interior como de los países extranjeros, sin que se les pueda en ningún caso sujetar a contribuciones, sean generales o locales, ni a impuestos u obligaciones de cualquier clase que fuesen, sino las que estén establecidas, o puedan establecerse, sobre los nacionales.

Serán enteramente libres para hacer por sí mismos sus negocios, para presentar en las Aduanas sus propias declaraciones o para hacerse ayudar o representar por quien mejor les parezca con el nombre de apoderados, agentes consignatarios, intérpretes o cualquier otro, ya para la compra, ya para la venta, de sus bienes, efectos o mercaderías; ya para la carga, descarga y despacho de sus buques.

Tendrán el derecho de desempeñar las funciones que se les confíen por sus compatriotas, por extranjeros, o por nacionales, en concepto de apoderados, factores, agentes, consignatarios o intérpretes; y en ningún caso se les someterá a otras contribuciones o impuestos que aquellos a que estén sometidos por los nacionales o los ciudadanos o súbditos de la nación más favorecida.

Gozarán de igual libertad en todas sus compras y ventas para fijar el precio de los efectos, mercaderías y objetos, cualesquiera que sean, ora hayan sido importados, ora que se destinen a la exportación. En todo esto se entiende que se conformarán a las leyes y reglamentos del país.

Artículo 4

Los ciudadanos y súbditos de una y de la otra parte contratante gozarán en los dos Estados de las más completa y constante protección para sus personas y propiedades. Tendrán libre y fácil acceso a los Tribunales de Justicia, para la demanda y defensa de sus derechos. A ese efecto podrán emplear en cualquier circunstancia de los Abogados, procuradores o agentes de toda clase que ellos mismos designen.

Tendrán la facultad de estar presentes en las resoluciones y restricciones de los Tribunales, en las causas en que fueren interesados en los mismos que a las informaciones y declaraciones de testigos que pueden tener lugar con ocasiones de los juicios; siempre que las leyes de los países respectivos permitan la publicidad de esos actos. Gozarán, en fin, a este respecto de los mismos derechos y privilegios que los nacionales; y estarán sometidos a las mismas condiciones que estos últimos les estén impuestas.

Artículo 5

Los salvadoreños en Francia y los franceses en El Salvador, estarán exentos de todo servicio personal, tanto en los ejércitos de tierra y mar; como en las guardias o milicias nacionales; lo mismo que todas las contribuciones extraordinarias de guerra, de los préstamos forzosos, requisas o servicios militares, sean cuales fueren.

En todos los demás casos, no podrán ser sometidos por sus bienes muebles o raíces a otras cargas, exacciones e impuestos, que los que sean exigidos a los mismos nacionales, o a los ciudadanos o súbditos de la nación más favorecida.

Tampoco podrán ser detenidos ni expulsados, ni aún enviados de un punto a otro del país por medidas de la policía o del Gobierno, sin indicios o motivos graves y de tal naturaleza que turbasen la tranquilidad pública, y en ningún caso se tomará semejante providencia antes de que los motivos y documentos que los acrediten hayan sido comunicados a los agentes diplomáticos o consulares de su respectiva nación.

Además se concederá a los inculpados el tiempo moralmente necesarios, para presentar o hacer presentar al Gobierno del país, sus medios de defensa. Se entiende que las disposiciones de este artículo, no son aplicables a las condenas o deportación o extrañamiento del territorio que puedan ser pronunciadas por los Tribunales de los respectivos países, con arreglo a las leyes y a las formas establecidas contra los ciudadanos o súbditos de uno de los dos. Esas condenas seguirán siendo ejecutivas, según las formas establecidas por la legislación respectiva.

Articulo 6

Los ciudadanos o súbditos de uno y del otro Estado no podrán ser sometidos respectivamente a ningún embargo, ni ser detenido en sus buques, cargamentos, mercancías y efectos, para una expedición militar cualquiera, ni para cualquier uso público, sin que se haya fijado previamente por las partes interesadas, o por ritos que ellas nombren, una indemnización suficiente en todos los casos, según el uso y por todos los perjuicios, pérdidas, retardos y daños que ocasionen el servicio a que hay de ser sometidos, o que de él pudieren resultar.

Articulo 7

Los franceses católicos gozarán en la República del Salvador con respecto a la religión y al culto de todas las libertades, garantías y protección de que gocen los nacionales y los salvadoreños gozarán, igualmente en Francia, de las mismas garantías, libertad y protección que los nacionales.

Los franceses que profesen otro culto y se hallen en la República de El Salvador, no serán inquietados, ni molestados de ninguna manera, por causa de religión: bien entendido que deberán respetar la religión, el culto del país y las leyes que sean relativas.

Artículo 8

Los ciudadanos y súbditos de cada una de las partes contratantes tendrán el derecho de poseer en los territorios respectivos de la otra, toda clase de bienes muebles y raíces; el de explotarlos con toda libertad, lo mismo que el de disponer de ellos, como les convenga, por venta, donación, permuta, testamento o de cualquier otra manera. Igualmente los ciudadanos o súbditos de cada uno de los dos Estados, que sean herederos de los bienes situados en el otro Estado, podrán suceder sin impedimento en aquella parte de los dichos bienes que les toquen abintestato u por testamento, con la facultad de disponer de ellos a un árbitro;

salvo que pagaran los mismos derechos de venta, sucesión o cualesquiera otros que en casos semejantes pagarían los nacionales.

Artículo 9

Si (lo que Dios no permita) llegase a romperse la paz entre las dos altas partes contratantes se concederá por una y otra parte un término de seis meses por lo menos, a los comerciantes que se encuentren las costas y el de un año a los que se hallen establecidos en el interior del país, para arreglar sus negocios y dispongan de sus propiedades. Además se les dará un salvoconducto para embarcarse en el puerto que ellos mismos designen a su voluntad, con tal de que no esté ocupado o sitiado por el enemigo y que por su propia seguridad y la del Estado, no se oponga a que marchen por aquel puerto; en el cual caso lo harán por donde y como sea posible.

Todos los otros ciudadanos y súbditos que tengan un establecimiento fijo y permanente en los Estados respectivos, para el ejercicio de cualquier profesión o industria, podrían conservar sus establecimientos y continuar ejerciendo sus profesiones e industrias, sin ser inquietados de ninguna manera; y se les dejará la posesión completa y entera de su libertad y de sus bienes; en tanto que no cometen ninguna falta contra las leyes del país.

Artículo 10

En ningún caso de guerra o de colisión entre las dos naciones estarán sujetos a ningún embargo o secuestro ni a otras cargas o impuestos que los que se exijan a los nacionales, las propiedades o bienes de cualquier clase, de los ciudadanos o súbditos respectivos. Las cantidades que les deban los particulares, los fondos públicos y las acciones de banca o compañías que les correspondan, tampoco podrán ser embargadas, secuestradas o confiscadas, con perjuicio de los dichos ciudadanos o súbditos respectivos.

Artículo 11

El comercio salvadoreño en Francia y el comercio francés en El Salvador serán tratados bajo todos los aspectos tanto en la importación cuanto en la exportación, como el de la nación más favorecida. En consecuencia los derechos de importación impuestos en El Salvador sobre los productos del suelo el de la industria de Francia y en Francia sobre los productos del suelo y de la industria de El Salvador, no podrán ser otros o más altos que aquellos que estén sometidos los mismos productos de la nación más favorecida. El mismo principio se observará para la exportación.

No tendrá lugar en el comercio recíproco de los dos países ninguna prohibición o restricción en la importación o exportación de cualquier artículo, si ella no se extiende igualmente a todas las otras naciones; y las formalidades que puedan exigirse para justificar el origen y la procedencia de las mercancías respectivamente importadas en el uso de los Estados serán igualmente comunes a todas las otras naciones.

Articulo 12

Los buques salvadoreños a su entrada o salida de Francia, y los buques franceses que arriban a los puertos del Salvador o salgan de ellos, no estarán sujetos a otros ni a más altos derechos de tonelaje, faro, puerto, pilotaje, cuarentena u otros que afecten el cuerpo del buque, sino aquellos a que respectivamente, estén sujetos los buques nacionales.

Los derechos de tonelaje y los demás que se cobren en razón de su capacidad de los buques, serán percibidos en El Salvador, por los buques franceses según el registro francés del buque y recíprocamente.

Artículo 13

Los buques salvadoreños en Francia y los buques franceses en El Salvador; no podrán descargar una parte de su cargamento en el puerto donde primero arriben; y pasar enseguida con el resto de aquel cargamento a los otros puertos del mismo Estado, sea para acabar de descargar su cargamento, sea para completar el de retorno, no pagando en cada puerto otros o más altos derechos que los que pagarán los buques nacionales en circunstancias análogas.

Artículo 14

Los buques pertenecientes a ciudadanos súbditos de la una de las dos partes contratantes, que naufraguen o zozobren en las costas de la otra, o que por consecuencia de una arribada forzosa o de avería comprobada, entre los puertos o toquen en las cosas de la otra, no estarán sujetos a ningunos derechos de la navegación, cualquiera que sea el nombre con que estén establecidos, salvo los derechos de pilotaje , faro y otros de la misma naturaleza, que representan el salario de servicio prestado por la industria privada; con tal que esos buques no efectúen carga ni descarga de carga ni descarga de mercancías. Sin embargo les será permitido trasladar a otros buques, o colocar en tierra y poner en los almacenes, el todo o una parte de su cargamento, para evitar que perezcan las mercancías; sin que se pueda exigir de ellos otros derechos que los relativos al flete de buques, alquiler de almacenes y uso de astilleros públicos que sean necesarios para depositar las mercancías y reparar las averías del buque. Les serán además concedidas toda facilidad y protección a este efecto, lo mismo que para procurarse víveres y ponerse en estado de continuar su viaje sin ningún impedimento.

Artículo 15

Serán considerados como salvadoreños en Francia y como franceses en El Salvador todos los buques que naveguen bajo las banderas respectivas y que lleven la patente y demás documentos exigidos por las legislaciones de los dos Estados, para justificar la nacionalidad de los buques de comercio.

Artículo 16

Los buques, mercancías y efectos pertenecientes o súbditos respectivos que sean tomados por piratas en los límites de la jurisdicción de la una de las dos partes contratantes o en alta mar, y que fuesen conducidos a los puertos, ríos, radas, o bahías de la dominación de la otra, o encontrados en ellos; serán entregados a sus dueños pagando, si hay lugar, los gastos de recobro que sean determinados por los tribunales competentes, cuando el derecho de propiedad haya sido comprobado ante los dichos tribunales, por reclamación que deberá ser hecha en el término de un año por las partes interesadas o sus apoderados, o por los agentes de los Gobiernos respectivos.

Artículo 17

Los buques de guerra de una de las partes contratantes podrán entrar, permanecer y repararse en los puertos de la otra, cuyo acceso esté concedido a la nación más favorecida, estarán ahí sujetos a las mismas reglas y gozarán de las mismas ventajas, que los de dicha nación más favorecida.

Artículo 18

Si sucediese que una de las dos partes contratantes; está en guerra con una tercera potencia; la otra parte no podrá en ningún caso autorizar a sus nacionales para tomar ni aceptar comisión o letras de corso, para obrar hostilmente contra la primera, o para inquietar el comercio y las propiedades de sus ciudadanos o súbditos.

Artículo 19

Las dos partes contratantes adoptan en sus relaciones mutuas los principios siguientes:
1° El corso está y queda abolido
2° La bandera neutral cubre las mercancías enemigas, con excepción del contrabando de guerra.
3° La mercancía neutral, con excepción del contrabando de guerra, no puede ser tomada bajo bandera enemiga.
4° Los bloqueos para ser obligatorios, deben ser efectivos; es decir mantenidos por una fuerza suficiente para impedir realmente el acceso al territorio del enemigo.

Queda además convenido que la libertad de la bandera asegura también la de las personas, y que los individuos pertenecientes a una potencia enemiga que fuesen encontrados a bordo de un buque neutral, no podrán ser hechos prisioneros, a menos que sean militares y estén por el momento ocupados en el servicio enemigo.

Las dos altas partes contratantes no aplicarán estos principios en lo que concierne a las otras potencias, sino a las que igualmente los reconozcan.

Artículo 20

En el caso de que una de las partes contratantes estuviesen en guerra y de que sus buques hubiesen de ejercer en la mar el derecho de visita, queda convenido que si se encuentran un buque perteneciente a otra parte que permanezca neutral; los primero se mantendrán fuera del alcance del cañón, y que podrán enviar en sus lanchas únicamente dos examinadores encargados de proceder a la visita de los papales respectivos a su nacionalidad y cargamentos.

Los comandantes serán responsables de cualquiera vejación o acto de violencia que cometan o dejen cometer en tal ocasión.

Se conviene igualmente que, en ningún caso, la parte neutral podrá ser obligada a pasar a bordo del buque visitante, ni para mostrar sus papeles, ni por ninguna otra causa.

La visita no será permitida sino a bordo de los buques que naveguen sin convoy. Bastará, cuando caminen convoyados, que el Comandante declare verbalmente y por su palabra de honor, que los buques puestos bajo su protección y al abrigo de su fuerza, pertenecen al Estado cuya bandera enarbolen; y que declaren también, cuando esos buques tengan por destino un puerto enemigo, que no conducen contrabando de guerra.

Artículo 21

En el caso que uno de los países, esté en guerra con cualquier otra potencia, los ciudadanos y súbditos del otro país, podrán continuar su comercio y navegación con esa misma potencia, sino es que con las ciudades o puertos que estén realmente sitiados o bloqueados; sin que por eso esta libertad de comercio y de navegación pueda en ningún caso, extenderse a los artículos que se reputan contrabando de guerra, tales como las bocas y armas de fuego, armas blancas, proyectiles, pólvora, salitre, objetos de equipo militar y todo instrumento cualquiera que sea, estando fabricado para el uso de la guerra.

En ningún caso podrá ser tomado, capturado y condenado un buque de comercio perteneciente a ciudadanos o súbditos de uno de los dos países y que se encuentre despachado para un puerto bloqueado por fuerza del otro Estado, si previamente no le ha sido hecha una modificación o significación de la existencia del bloqueo; por algún buque que forme parte de la escuadra o división bloqueadora, y para que no se pueda alegar una pretendida ignorancia de los hechos, y que el buque que haya sido debidamente advertido, esté en el caso de ser capturado, si después llega a presentarse delante del mismo puerto; mientras que aun dure el bloqueo, el Comandante del buque de guerra que le reconozca primero, deberá poner su Visto en los papeles de aquel buque, indicando el día, el lugar o la altura en que le haya visitado y hecho la notificación precipitada, con las formalidades que ella exige..

Articulo 22

Cada una de las dos partes contratantes, podrá establecer Cónsules en los territorios y dominios de la otra para la protección del comercio, pero estos agentes no entrarán a ejercer sus funciones ni gozarán de los derechos, privilegios e inmunidades inherentes a su cargo, sin haber obtenido previamente el Exequatur del Gobierno Territorial; reservándose éste el derecho de determinar las residencias, en que le convenga admitir Cónsules. Se entiende que a este respecto los Gobiernos no se opondrán respectivamente, ninguna restricción que no sea común en su país a todas las naciones.

Artículo 23

Los Cónsules Generales, Cónsules y Vice-Cónsules lo mismo que los alumnos de Cónsul y Cancilleres y Secretarios adictos a su misión; gozarán en los dos países, todo los privilegios, exenciones e inmunidades que puedan ser otorgadas en su residencia a los agentes del mismo rango de la nación más favorecida; y especialmente de la exención de aposentos militares y del de todas las contribuciones directas, así personales como mobiliarios o suntuarios, a no ser que sean ciudadanos del país en que residan, o que adquieran propiedades se hagan poseedores de bienes raíces situados en él, o en fin que se ocupen en el comercio, en cuyos casos estarán, en cuyos casos estarán sometidos a las mismas contribuciones, cargos o imposiciones que los otros particulares.

Estos agentes gozarán en todos los casos de las inmunidad personal, siempre que puedan ser detenidos, ni puestos en juicio, ni en prisión, sino es un caso de crimen atroz; y en el caso que sean negociantes, la prisión por deuda no podrá imponérselas sino es únicamente por las causas de comercio, más no en las civiles.

Podrán dichos agentes colocar sobre la puerta exterior de sus casas, un cuadro con las armas de la nación y una inscripción que diga: Consulado del Salvador o Consulado de Francia; y podrán también izar en los días de fiestas públicas o nacionales, la bandera de su país en la casa consular. Pero por esas señas exteriores, nunca será considerado como constituido el derecho de asilo.

Los Cónsules generales, Cónsules y Vice-Cónsules, como tampoco a su misión, no podrá ser citado para comparecer ante los tribunales del país de su residencia; y cuando la justicia local tenga necesidad de recibir de ellos alguna información jurídica, deberá pedírsela por escrito, o pasar a su domicilio para tomarla de viva voz.

En caso de muerte, impedimento o ausencia de los Cónsules generales, Cónsules y Vice-Cónsules, los alumnos de Cónsul, Cancilleres o Secretarios serán admitidos de pleno derecho a desempeñar internamente los negocios del Consulado.

Artículo 24

Los archivos y en general, todos los papeles de la Cancillería de los Consulados respectivos, serán inviolables; y no podrán ser tocados ni visitados por la autoridad legal bajo ningún pretexto y en ningún caso.

Artículo 25

Los Cónsules generales y Cónsules respectivos, tendrán la libertad de establecer Vice-Cónsules o agentes en las diferentes ciudades, puertos o lugares de su distrito consular, donde el bien del servicio que se les ha confiado, lo exija, pero esto se entiende, salva la aprobación y el Exequatur del Gobierno Territorial. Estos agentes podrán ser nombrados entre los ciudadanos o súbditos de los dos Estados; y aun entre los extranjeros.

Artículo 26

Los Cónsules respectivos podrán al fallecimiento de sus nacionales muertos sin haber testado ni señalado ejecutores testamentarios.

1° Poner, los sellos, ya de oficio, ya a petición de las partes interesadas, sobre los bienes muebles y papeles del difunto, previniendo de antemano de esta operación a la autoridad local competente, que podrá asistir a ella, y aun si lo juzga conveniente, cruzar con sus sellos los puertos por el Cónsul; y desde entonces estos dobles sellos no serán quitados sino de acuerdo.

2° Extender, también en presencia de la autoridad competente, si ella cree deber presenciarlo, el inventario de la sucesión.

3° Hacer proceder según el caso del país, a la venta de los efectos mobiliarios pertenecientes a la sucesión cuando los dichos muebles puedan deteriorarse por efecto del tiempo, o que el Cónsul crea útil su venta a los intereses de los herederos del difunto y

4° Administrar o liquidar personalmente, o nombrar, bajo su responsabilidad un agente para administrar y liquidar la dicha sucesión, sin que, por otra parte, la autoridad local haya de invertir en estas nuevas operaciones.

Pero los dichos Cónsules estarán obligados a hacer mencionar la muerte de sus nacionales en uno de los periódicos que se publiquen en la extensión de distrito, y no podrán hacer entrega de la sucesión y de su producto a los herederos legítimos, o a sus mandatarios, sino después de haber hecho satisfacer todas las deudas que el difunto pudiera tener contraídas en el país, o hasta que haya pasado un año de la fecha de la publicación del fallecimiento sin que ningún reclamo hubiere sido presentado contra la sucesión.

Artículo 27

Los Cónsules respectivos estarán encargados exclusivamente de la policía interior de los buques de comercio de su nación y las autoridades locales no podrán intervenir en esto mientras que los desórdenes sobrevenidos no sean de tal naturaleza que turben la tranquilidad pública, ya en tierra ya a bordo de los buques.

Pero en todo lo que toque a la policía de los puertos, a la carga y descarga de los buques, a la seguridad de las mercaderías, bienes y efectos, los ciudadanos y súbditos de los dos estados estarán respectivamente sujetos a las leyes y estatutos del territorio.

Artículo 28

Los Cónsules respectivos, podrán hacer arrestar y enviar ya abordo, ya a su país, los marineros que hubieren desertado de los buques de su nación. A este efecto se dirigirán por escrito a las autoridades locales competentes y justificarán por la exhibición del registro del buque o del rol del equipaje, o si el dicho buque hubiere partido, por la copia de dichas piezas, debidamente certificadas por ellos, que los hombres reclamados hacían parte de dicho equipaje. Con esta demanda, así justificada, la entrega no podrá rehusárseles; se les dará además de toda ayuda y asistencia para la pesquisa, aprehensión y arresto de dichos desertores, quienes serán aún detenidos y guardados en la prisión del país, a petición y por cuenta del país, a petición y por cuenta de los Cónsules, hasta que estos agentes hayan encontrado una ocasión de entregarlos a quien corresponda o de hacerlos partir. Sin embargo, si esta ocasión no se presentase en el término de tres meses, con todos desde el día del arresto, los desertores serán puestos en libertad y no podrán ya ser arrestados por la misma causa.

Articulo 29

Siempre que no se hayan hecho estipulaciones contrarias entre los armadores, cargadores y aseguradores, las averías que los buques de los dos países hayan experimentado en la mar, caminando para los puertos respectivos, serán arreglados por los Cónsules de su nación; a no ser que los habitantes del país donde residen los Cónsules, sean interesados en las averías, porque en este caso ellos deberían ser arregladas por la autoridad local, sino es celebre un compromiso amigable entre las partes.

Articulo 30

Todas las operaciones relativas al salvamento de los buques salvadoreños, naufragados o encallados en las costas de Francia, serán dirigidas por los Cónsules del Salvador, y recíprocamente los Cónsules de Francia dirigirán las operaciones relativas al salvamento de los buques de su nación naufragados o encallados en las costas de El Salvador.

Artículo 31

La intervención de las autoridades locales tendrá lugar solamente en los países para mantener el orden y garantizar los intereses de los salvadoreños, si son extranjeros, o a los equipajes naufragados, y asegurar la ejecución de las disposiciones que deben observarse para la entrada y salida de las mercaderías salvadas. En ausencia y hasta la llegada de los Cónsules, o Vice-Cónsules, las autoridades, locales deberán tomar todas las medidas necesarias para la protección de los individuos, y la conservación de los efectos naufragados.

Las mercaderías salvadas no estarán sujetas a ningún derecho de aduanas, a menos que sean admitidas para el consumo interior.

Los derechos establecidos por el presente Tratado en favor de los súbditos Franceses, se entienden comunicados a los habitantes de las colonias francesas, y recíprocamente los ciudadanos Salvadoreños gozarán en las dichas colonias las ventajas que estén o sean concedidos al comercio y a la navegación de la nación más favorecida.

Artículo 32

Es formalmente convenido entre las dos altas partes contratantes, que independientemente de las estipulaciones que puedan, los agentes diplomáticos y consulares, los ciudadanos y súbditos de toda clase, los buques y las mercaderías del uno de los dos Estados gozarán en el otro, con pleno derecho, de las franquicias, privilegios y cualesquiera inmunidades consentidas o que se consintiesen en favor de la nación más favorecida; entiéndase esto gratuitamente, si la concesión fuese gratuita, o con la misma compensación si la concesión fuese condicional.

Se conviene sin embargo que el hablar de la Nación más favorecida, la Nación española y las hispano-americanas, no deberán servir de término de comparación, aun cuando se les conceda algún privilegio por El Salvador en materia de comercio.

Artículo 33

En el caso de que una de las partes contrincantes juzgue que han sido infringidas, con perjuicio suyo, algunas de las estipulaciones del presente Tratado: ella deberá dirigir desde luego a la otra parte una exposición de los hechos, justamente con una demanda de reparación, acompañada de los documentos y de las pruebas necesarias para establecer la legitimidad de su queja y no podrá autorizar actos de represalia, ni cometer hostilidades mientras que no se le haya negado o definido arbitrariamente, la reparación pedida.

Artículo 34

El presente tratado durará diez años contado desde del canje de las ratificaciones y si doce meses antes de que expire ese término, ni la una ni la otra de las dos partes, no anuncia por medio de una declaración oficial su intención de hacer cesar sus efectos, el presente tratado será obligatorio por otro año, y así sucesivamente hasta que pase un año, después de hecha la declaración oficial antes mencionada.

Articulo 35

El presente Tratado compuesto de treinta y cinco artículos, será ratificado, y las ratificaciones se canjearán en la ciudad de Guatemala, en el término de un año, u antes si fuese posible.

En fe de lo cual los Plenipotenciarios arriba mencionados, lo firmaron y sellaron con los sellos de sus armas.

Guatemala, dos de Enero de Mil Ochocientos Cincuenta y Ocho.

José Antonio Ortiz Urrutea A. de Botmiliau.

Los infrascritos Plenipotenciarios de la República del Salvador y de Su Majestad el Emperador de los Franceses al firmar el Tratado de amistad, comercio y navegación, para el cual han sido autorizados por sus respectivos Gobiernos; han convenido en hacer la declaración siguiente que permanecerá secreta con calidad de aneja (anexa) a dicho tratado y debiendo tener la misma fuerza y valor que si fuera incluida en él. =Se entiende que cuando en el artículo 32 del Tratado que precede, se estipula que ni la nación española ni las hispanoamericanas podrán servir de término de comparación, cuando en los otros artículos del mismo Tratado se habla de la nación más favorecida: la provisión de dicho artículo, no impedirá que en caso de hacerse por la República del Salvador algunas concesiones especiales a la España, para los productos de su suelo y de su industria, ya sea estas concesiones gratuitas ya en cambio de otras ventajas igualmente especiales, en favor de los productos de la industria o del suelo del Salvador, la Francia, ya gratuitamente, ya en cambio de concesiones identifica participe de edad mismas concesiones = En fe de los cual han firmado la presente declaración y la han sellado con los sellos de sus armas = Guatemala, el dos de enero de mil ochocientos cincuenta y ocho = José Antonio Ortiz Urruela = A. de Betmilian.

Rafael Campo, Presidente de la República del Salvador.=

Por cuanto: habiéndose ajustado, concluida y firmado en Guatemala a dos del corriente mes y año por Ministros Plenipotenciarios autorizados componente al efecto un Tratado de amistad, comercio y navegación entre su majestad el Emperador de los Franceses y la República del Salvador, en los idiomas respectivos, compuesto de un preámbulo, treinta y cinco artículos principales y dos adicionales.= Por tanto habiendo visto y examinado los treinta y cinco artículos principales y dos adicionales de que consta el anterior Tratado y encontrándolo conforme a las instrucciones dadas al efecto en virtud de la facultad que me confiere la fracción 8ª. Del artículo 45 de la Constitución he venido en aprobar cuanto en el referido Tratado se contiene como en virtud de las presentes letras lo apruebo. = En fe de lo cual mando extender el presente, firmado de una mano, sellado con el sello Mayor de la República y refrendando por el Ministro de Relaciones Exteriores a treinta de Enero de Mil ochocientos cincuenta y ocho, = Rafael Campos el Ministro del Ministerio Exterior Ignacio Gómez.

Acta de canje del Tratado entre El Salvador y la Francia.

Legación y Consulado General de Francia en la América Central.

En Guatemala el veintiuno de Octubre de Mil ochocientos cincuenta y nueve.

El Señor Adolfo de Botmiliau, caballero de la Orden Imperial de la Legión de Honor, Cónsul General y encargado de negocio, de Francia en la América Central y el Señor José Antonio Ortiz Urruela, abogado de los Tribunales de Guatemala y de los de España, después de haber leído y coleccionado las copias ratificadas del Tratado de Amistad y comercio concluido entre la Francia y la República del Salvador el dos de Enero de Mil ochocientos cincuenta y ocho y habiéndolos encontrado en regla han procedido al encaje de aquella, el Señor Botmiliau recibiendo la que le ha sido presentada por el Señor Ortíz Urruela, y este último la presentada por el Señor Botmiliau; todo esto después de las explicaciones previas reclamadas del gobierno del Salvador por dicho Señor de Botmiliau, encargado de negocios, en nombre del también el Emperador, en una comisión especial con fecha de veinticuatro de junio de Mil ochocientos cincuenta y ocho, y dadas por dicho Gobierno del Salvador en una nota del señor Ortiz Urruela de veintiuno de julio del mismo año.

Doy fe de los cual, la presente ha sido redactada, expedida por duplicado y firmada el día, mes y año arriba enunciados (firmado) José Antonio Ortiz Urruela (firmado) A. de Botmiliau.

ANEXO 2
RATIFICACION DE CONVENCION CONSULAR
FRANCIA – EL SALVADOR

Diario Oficial T. 6. Miércoles 19 de febrero de 1879. No. 43.

Poder Legislativo. Cámara de Senadores celebrada el 13 de febrero de 1879.

Segunda Lectura

1°. Al dictamen de la Comisión de Relaciones Exteriores, que ha examinado la Convención Consular, celebrada entre esta República y Francia, en el mes de junio del año próximo pasado, finaliza el día de mañana para su discusión.

Diario Oficial T.6. San Salvador 20 de febrero de 1879. No. 41
Sección Oficial
Poder Legislativo
Cámara de Senadores
Vigésima Segunda sesión de la Cámara de Senadores, celebrada el 14 de febrero de 1879.

No. 3 Al dictamen de la Comisión de Relaciones exteriores recaído el acuerdo ejecutivo. Al dictamen de la comisión de Relaciones Exteriores, recaído en el Acuerdo Ejecutivo de 19 de Septiembre del año próximo pasado, que aprueba la Convención Consular celebrada entre esta República y la de Francia; en junio del mismo año; y puesto a discusión se aprobó la parte resolutiva que dice: "La convención opina que deis vuestra ratificación a la expresada Convención Consular".

ANEXO 3
CONVENCIÓN SOBRE GARANTÍA RECÍPROCA DE LA PROPIEDAD DE LAS OBRAS CIENTÍFICAS LITERARIAS O ARTISTICAS.

Diario Oficial 23 de enero de 1883, No. 10 t. 14

Ministerio de Relaciones Exteriores
Convención Literaria, científica y artística, celebrada entre el Salvador y Francia.

El Presidente de la República del Salvador y el Presidente de la República Francesa, animados del mismo deseo de adoptar de común acuerdo, las medidas que han aparecido más convenientes para garantizar recíprocamente la propiedad de las literarias, científicas o artísticas, han resuelto, con este fin, concluir una Convención y han nombrado para plenipotenciarios suyos a los siguientes:

El Presidente de la República del Salvador al Sr. Torres Caicedo, Ministro Plenipotenciario de la República del Salvador en París, Gran Oficial de la Orden Nacional de la Legión de Honor, &, &, &. Y el Presidente de la República Francesa a S.E., el señor don C. de Freycinet, Senador, Presidente del Consejo Ministro de Relaciones Exteriores de la República Francesa.

Las cuales después de haber trocado sus plenos poderes y hallados estos en busca y debida forma, han convenido en los artículos siguientes:

Artículo 1

Los ciudadanos del Salvador y Francia y los ciudadanos franceses en la República del Salvador, que sean autores de libros, folletos, u otros escritos, de obras dramáticas, de composición musical o de arreglos de música, de obras de dibujo, de pintura, de pintura, de escultura, de grabado, de litografía de láminas, de cartas geográficas, y en general, de toda clase de producción que sea del dominio literario, científico o artístico, gozarán recíprocamente en cada uno de los dos estados, de las ventajas estipulada en la presente Convención, así como también de todas aquellas que al presente se refieran o más tarde se refieran por la ley, en uno u otro Estado, a la propiedad de obras de literatura, de ciencias o de arte.

Para garantizar estas ventajas, obtienen indemnizaciones de daños y perjuicios y proceder contra los falsificadores, gozarán de la misma protección y del mismo recurso legal que han sido concedidos o se concederán a los autores nacionales, en cada uno de los dos países; tanto por las leyes especiales sobre la propiedad literaria y artística, como por la legislación general en material civil o penal.

Artículo 2

Para asegurar que todas las obras de literatura, de ciencia o de arte la protección estipulada en el artículo 1° y para que los autores de estas obras sean, en consecuencia, admitidos ante los tribunales de ambos países a seguir procesos contra los falsificadores, bastará para que los referidos autores o editores países justifiquen su derecho de propiedad por medio de un certificado que emane de la autoridad pública competente, y así comprueben que gozan en su propio país, para la obra de que se trate, de la protección legal contra toda falsificación o reproducción ilícita.

Artículo 3

Ilegible

Artículo 4

Quedan expresamente asimilados que obras originales las traducciones de obra, nacionales o extranjeras hechas por un escritor que pertenezcan a uno de los Estados. Estas traducciones gozarán, por este título de la protección estipulada por la presente Convención para las obras originales, en lo concerniente a su reproducción no autorizada en el otro Estado. Queda bien entendida, sin embargo, que el objeto del presente artículo es únicamente proteger al traductor en lo relativo a la versión que ha hecho de la obra original, y no el confirmar derecho exclusivo de traducción al primer traductor de una obra cualquiera, escrita en lengua muerta o viva.

Articulo 5

Los nacionales de uno de los países, autores de obras originales, tendrán el derecho de oponerse a la publicación en el otro país, de toda traducción de esas obras no autorizadas por ellos mismos, y estos durante todo el tiempo que se haya concluido por el goce del derecho de propiedad literaria sobre la obra original, siendo así que la publicación de una traducción no autorizada equivale bajo todos los respectos a la reimpresión ilícita de la obra.

Los autores de obras dramáticas gozarán recíprocamente de los mismos derechos en lo relativo a la traducción o a la representación de las traducciones de sus obras.

Artículo 6

Se prohíbe igualmente las apropiaciones indirectas no autorizadas tales como: las adaptaciones, las imitaciones llamadas de *buena fe*, utilizaciones, transcripciones de obras musicales, en general, todo prestado que se haya a las obras literarias, dramáticas o artísticas, hechas sin el consentimiento del autor.

Artículo 7

Será, no obstante, lícita recíprocamente la publicación, en cada uno de los dos países, de extractos o fragmentos enteros de las obras de un autor del otro país, ya en la lengua original, ya en traducciones, con tal que estas publicaciones sean especialmente apropiadas para la enseñanza y el estudio, y vayan acompañadas de las notas explicativas, escritas en un lengua diferente de aquella en la cual haya sido publicada la obra original.

Artículo 8

Las obras que se den a la luz por entregas, así como artículos o folletines que los autores de uno de los dos países inserten en periódicos o colecciones periódicas, no podrán ser reproducidos o traducidos en los periódicos o colecciones periódicos de otro país, ni publicados en volúmenes de otro modo, sin la autorización de los autores. Esta prohibición no deberá nunca aplicarse a los artículos de dimensión política.

Articulo 9

Los mandatarios legales o causantes de los autores, compositores o artísticas gozaran recíprocamente y bajo todos respectos de los mismos derechos que los que la presente convención concede a los mismos autores… (texto mutilado)

Articulo 10 al 15 (Mutilados)

Articulo 16 (fragmento)

De una de las Altas Partes contratantes para permitir, vigilar o prohibir, por medio de medidas de legislación o de policía interior, la circulación, la representación o la exposición de toda obra o producción, con respecto de la cual la autoridad competente tenga a ejercer este derecho. La presente convención no se opondrá por ningún motivo al derecho de la una o de la otra de las dos Altas Partes contratantes para prohibir la importación en sus propios Estados, de los libros que, en virtud de sus leyes interiores o por estipulaciones, acordadas con otras potencias sean o haya de ser declaradas como falsificaciones.

Articulo 17

La presente Convención será ratificada y las ratificaciones serán confiadas en París tan pronto como sea posible. Entrará en vigor dos meses después del canje de las ratificaciones y sus efectos continuarán hasta que sea denunciada por una u otra de las partes contratantes, y durante un año aún después de la denuncia.

En Fe de lo cual, los Plenipotenciarios respectivos han firmado la presente convención y revestídola de sus sellos

En París, en doble original a 9 de junio de 1880.
(L.S.) J.M. Torres Caicedo
(L.S.) C. de Freycinet

Palacio Nacional
San Salvador julio 20 de 1880

Estando la anterior Convención Literaria, científica y artística entre el Salvador y Francia, arreglada a las instrucciones que se comunican al Sr. Ministerio de esta República Dr. Don José María Torres Caicedo, el Supremo Poder Ejecutivo, ACUERDA: APROBAR en todas sus partes, y dar cuenta de ella al Cuerpo Legislativo en su próxima reunión, para la Ratificación Constitucional.

(Rubricado por el Sr. Presidente)

El Ministro de Relaciones Exteriores

Gallegos

ANEXO 4
REPRODUCCIONES

Copiamos de "Diario Oficial" de México

SUCESOS EN CENTROAMERICA

Habiendo sido interpelado el "Diario Oficial" por algunos de nuestros colegas, para que manifestemos cuales son los propósitos del Gobierno respecto de la decisión tomada por el Presidente de Guatemala, declarando la unión política de la América Central y asumiendo el mando militar supremo de la misma, publicamos a continuación los documentos respectivos.

Compañía telegráfica mexicana.

Guatemala 7 de marzo de 1885.

Presidente de los Estados Unidos Mexicanos – México

Circunstancias que por el próximo correo tendré la honra de dar a conocer a V.E: me decidieron a proclamar, de acuerdo con la Asamblea, la unión de los Estados de Centro-América en una sola República y á asumir, para realizarla, el carácter de supremo jefe militar.

De V.E adicto servidor y amigo.-El presidente de Guatemala.

J. Rufino Barrios.

ANEXO 5

Compañía telegráfica mexicana.

Salvador, 9 de marzo de 1885.

Presidente de los Estados – Unidos Mexicanos – México

Participo a V.E. que el gobierno de Guatemala ha proclamado de hecho la nacionalidad de Centro-América, pretendiendo imponerla á las demás Repúblicas, y asumiendo el General Barrios el Mando absoluto como jefe militar. Mi Gobierno, los de Nicaragua y Costa Rica y gran parte del pueblo hondureño, se disponen a rechazar enérgicamente ese atentado.

Vienen ya tropas de Guatemala sobre El Salvador.

Protesto ante V.E. contra ese escándalo de fuerza, esperando que obtendré el apoyo moral de su Gobierno, lo mismo que el de las demás naciones civilizadas y juzgando que este asunto no puede ser indiferente á ese Gobierno ni al pueblo mexicano, me atrevo a solicitar que dirija un cablegrama al General Barrios, para evitar la inmediata efusión de sangre.

De V.E. muy atento servidor. – El Presidente del Salvador, Rafael Zaldívar.

ANEXO 6.

Compañía telegráfica mexicana.

San José Costa Rica, marzo 10 de 1885

General D. Porfirio Díaz México:

La Asamblea de Guatemala ha decretado la unión centroamericana, y el general Barrios ha asumido el mando de las fuerzas militares de la América Central. Este hecho ha causado profunda indignación en Costa Rica y Nicaragua, y facultados omnímodamente sus Gobiernos, nos preparamos con la mayor actividad para la guerra.

Al poner en conocimiento de U. este suceso tan atentatorio á nuestra soberanía, me es grato ofrecerle las seguridades de mi estimación y personal afecto.

De U. Atento servidor y leal amigo.

El Presidente de Costa Rica.

P. Fernández.

ANEXO 7
BATALLA DE CHALCHUAPA

Héroe Alberto Touflet

Diario Oficial S. S. 2 de abril de 1885 N° 79 T. 8

Buenas Nuevas.

Ayer hemos pasado un día de prueba. Desde las primeras horas de la mañana se sabía que nuestros valientes estaban luchando: ya eran las ocho de la noche y no se habían recibido ninguna noticia; la ansiedad era, pues, grande, la impaciencia por saber algo evidente aunque contenida por la esperanza y la fe en el buen éxito de la arriesgada y difícil empresa encomendada a nuestras heroicas tropas.

A las 9 menos cuarto de la noche, cuando muchos se disponían a acostarse, las campañas alanzadas a tocar a todo vuelo, reunieron en la plaza del Parque numeroso concurso de entes que se comunicaban enseguida de boca en boca la noticia de un nuevo y espléndido triunfo de Monterrosa. Enseguida se formaron grupos patrióticos que, con música a la cabeza y prorrumpiendo a vítores, recorrían la población, comunicando a sus mordaces el entusiasmo de que estaban poseídos. A las 10 de la noche todo había vuelto sin embargo, a la acostumbrada calma, y nadie hubiera dicho que momentos antes, las expansiones de una generosa alegría habían conmovido tantos pechos y consolado tantas angustias.

"El General Barrios hombre apasionado, desleal y de brutales instintos".

El General Barrios obra en las presentes circunstancias con un salvajismo que justifica su antigua fama de hombre apasionado, desleal y de brutales instintos. Su manera de hacernos la guerra pone nuevamente en evidencia las cualidades que podrían recomendarle para xeque de los cafres o caníbales, pero que le incapacitan no solo para el Gobierno sino para el trato de personas cultas. Sus hostilidades contra las fuerzas del Salvador principiaron por atacar las que estaban en el Coco, sin previa declaratoria de guerra, como lo podía hacer cualquier caudillo del desierto.

Asegurase además que Barrios se había comprometido con el Ministerio de los Estados Unidos de América Mr. Hall a no invadirnos; más el aventurero audaz, bastante osado para poner su mano manchada con tantos crímenes sobre el seno inmaculado de Centroamérica ¿es extraño acaso que se desatiende de las más sagradas promesas y que obre como quien es, como un vulgar ambicioso que causaría risa en otros países; pero que en la desagraciada Guatemala ha sobrepujado en crímenes a cuantos facinerosos ha producido la moderna historia?.

El Coco está a una legua más acá de la línea divisoria; mas esto no fue obstáculo para que Barrios hiciera allí trincheras, y cayera cuando menos se esperaba sobre nuestras avanzadas del Coco. Ya lo saben, pues, los Jefes del Ejército Salvadoreños, porque para muestra un botón basta; tienen que habérselas con una salvaje que no observa ni respeta ninguna ley, ninguna costumbre, nosotros protestamos contra la barbarie con toda la indignación y toda la fuerza de nuestra conciencia; pero ellos no imiten la miserable invasión en el desprecio de las leyes respetadas en el mundo civilizado. Vénzalo con su pericia, con el valor, con el empuje de nuestros justamente ofendidos soldados y humíllenlo con la grandeza, con la cultura de procedimientos que tan bien cuadra a los defensores de una causa como la nuestra, justa y santa si las hay.

Copiamos del "Boletín" de 31 de marzo.

¿Viva Centro-América!

¡La tiranía vencida en los campos de San Lorenzo! - ¡Victoria de nuestras armas!

El enemigo en número en más de tres mil hombres empezó a atacar nuestras posiciones de San Lorenzo a las cinco de la mañana de hoy, siendo repetidas veces rechazado por los mil salvadoreños que, al mando del bravo General Monterrosa, defendían heroicamente la independencia y la autonomía de la República.

Después de muchas horas de combate el General en Jefe acaba de recibir el siguiente TELEGRAMA.

De San Lorenzo, Marzo 31 de 1885.

Recibió en Santa Ana a las 2 y 54 p.m. Señor Presidente.

Hemos vencido al enemigo – Estamos en los últimos tiros y va desbandada al fuerza enemiga.

¡Viva Zaldívar! - ¡Viva Centro-América!

R. Monterrosa.

Los generales vencidos son Menéndez y Pimentel. El campo ha quedado cubierto de cadáveres de los profanadores del suelo salvadoreño.

Pronto publicaremos detalle.

¡Viva el ejército! ¡Viva la República!

También trasladamos a nuestras columnas la siguiente hoja publicada en Santa Ana el 31 de mes próximo pasado:

¡VIVA LA PATRIA!

Mil hombres mandados por el valiente General Monterrosa han vencido y hecho ponerse en vergonzosa fuga a más de tres mil soldados del ejército enemigo en los campos de San Lorenzo. El ataque contra nuestras fuerzas fue dirigido primeramente por el General Francisco Menéndez; después atacó el General Pimentel. La fuerzas del bárbaro han tenido que morder el polvo ante la bravura de nuestros soldados, y nuestra victoria ha sido de las más gloriosas.

El campo no ha sido reconocido aún. Oportunamente se darán detalles sobre este importante hecho de armas.

¡VIVA EL SALVADOR LIBRE!

¡VIVA EL PRESIDENTE DE LA REPÚBLICA!

¡VIVA CENTRO-AMERICA!

San Ana, Marzo 31 de 1885.

Los telegramas recibidos hoy del teatro de la guerra, son los siguientes:

San Ana, Abril 2 de 1885.

Recibido en San Salvador a las 7 a.m.

Desde las cuatro y media de la tarde de ayer que se suspendieron los fuego no han vuelto a renovarse hasta hoy, el enemigo está acampado fuera del alcance de la artillería de Chalchuapa. Monterrosa después de su nuevo triunfo, se retiró a Atiquizaya, porque sólo la cobardía o la inadvertencia de los guatemaltecos, hizo que no le atacasen por retaguardia, para lo cual tenían el paso libre y podía quedar cortado enteramente en San Lorenzo.

No hay otra novedad.

Santa Ana, Abril 2 de 1885.

Recibido a las 11 y 45 am.

TRIUNFO COMPLETO.

En Chalchuapa después de tres horas de fuego nutridísimo de toda arma. La gloria a los Generales Mora, Osorio y al Coronel Marcial, según los partes de este momento – Zaldívar.

D.O.S.S. 04.04.1885 N° 80 T.18

TELEGRAMAS.

Santa Ana, Abril 4 de 1885, recibido en San Salvador a las 7 y 8 am.

Por informes fidedignos que acaban de recibirse, se sabe que el General Barrios salió gravemente herido de la acción de Chalchuapa, siendo conducido en una cama para Chingo. Es casi seguro que ha pagado con su vida su temeraria intentona y que la Resolución del Congreso de Guatemala es consecuencia de la muerte de aquel. Centro-América está de plácemes. – R. Zaldívar.

San Ana, abril 4 de 1885.

Recibido en San Salvador a las 11 a.m.
En este momento viene un ayudante que fue avanzado por el enemigo y dice que él ha visto muerto al General Barrios.
¡Viva Centro-América!
¡Viva El Salvador!
R. Zaldívar
D.O. San Salvador 6 de abril de 1885 No. 81. Tomo 18
Telegramas
Santa Ana, 4 de abril de 1885
Recibido en San Salvador a las 4 y 55 p.m.
Al Señor Ministro López
El General Mora me dice lo siguiente en estos momentos: de Chalchaupa –Presidente- Santa Ana.
El último espía que acaba de llegar de la frontera de Guatemala me dice que el desbandamiento y desmoralización del ejército enemigo no tiene ejemplo. Cada oficial quiere ser un Jefe y cada Jefe un Presidente. La suerte de Guatemala es lastimosa, los pronunciamientos según

me dicen, han comenzado; también me asegura el espía que la borrachera y el tiroteo que se hacen unos a otros amedrenta a la gente de orden y no saben qué hacer. Si hubiera una fuerza disponible que entraba por Metapán haría U. un verdadero servicio a Guatemala porque su anarquía es inevitable, si al principio no se sofoca.

En yupe no halla que hacer un Señor Cruz que es General de una división, y creo que si sigue hostilizando a los amotinados concluirán con él. Esta última noticia me la da un Señor del Valle de San Sebastián a quien acabo de regresar bien montado, para que me traiga noticias hasta Jutiapa. Su amigo ADAN MORA". Acabo de recibir el parte circunstanciado de la Batalla de Chalchuapa, y aunque es muy largo voy a transmitírselo por el telégrafo, para que sea público allí inmediatamente.

R. Zaldivar.

Santa Ana, abril 6 de 1885

Recibido en San Salvador a las 7 y 46 a.m.

Por parte que se acaban de recibirse del Coco sabe que las fuerzas enemigas han continuado en el mismo desorden. La fuerza derrotada en Chalchuapa se encontró con otra de refuerzo que venía de Guatemala y aquellos quisieron contenerlos, pero no lo consiguieron se hicieron fuego unos con otros y hubo varios muertos y heridos, causando la completa dispersión de los derrotados, y continuaron el con el tren los que venían de refresco, que según informes era la última fuerza de reserva de Guatemala, compuesta por artesanos que a duras penas podían andar a pie; la muerte de los Generales Barrios todos la saben. Venancio quedó enterrado en Chingo y a don Rufino se lo llevaron. Menéndez dispersó a los salvadoreños que le habían quedado y que eran nahuizalcos, atiquizayas y otros, todos se llevaron armas. Se supone también que Pimentel murió o va herido, porque no lo han visto pasar.

R. Zaldivar.

DETALLES
DE LA BATALLA DE CHALCHUAPA

Santa Ana, Abril 5 de 1885.

Recibido a las 5 de la tarde.

Le transcribo el siguiente parte, para su publicación.

Chalchuapa, Abril 5 de 1885.

Señor General en Jefe del Ejército de La República.

Después de haber mandado recorrer el campo de batalla y de traerme los jefes a quienes mande los partes circunstanciados, tengo el honor de dar a usted el que me corresponda en concepto de Jefe del Ejército que con tanta gloria, destrozó y derrotó el formidable que mandaba el General don Justo Rufino Barrios como Jefe de Guatemala. En el campo de batalla se han encontrado del enemigo 1612 muertos, sin incluir en este número a los que el enemigo enterró cuando sin fatiga ocupaba sus posiciones; de manera que la mortandad que ha tenido el ejército Guatemalteco es incalculable en el punto mismo que ocupaba el General Barrios y donde había establecido su cuartel general, se ha encontrado dos tijeras manchadas de sangre, y según datos de los prisioneros, la una es la que ocupó el cadáver de Barrios; (don Rufino), porque es cierto que salió a pelear y que nuestras balas pusieron término a su existencia: la otra tijera es la que ocupaba herido don Venancio, hijo de don Rufino: también me aseguran los prisioneros que la mortandad de jefes fue mucha, contándose entre ellos dos comandantes de artillería, el uno español y el otro francés, lo mismo que el comandante de caballería. Tengo en mi poder el libro de órdenes generales, muchos papeles y documentos del ejército enemigo, con los que se justifica que el número de tropa que lanzaron sobre nuestras posiciones llegaba a diez mil hombres. El parque de infantería que se ha tomado en cajas cerradas, llega a ochenta mil tiros, fuera del recogido que estaba suelto y regado que será de igual número. Muchos de artillería que aún no se ha acabado de contar, balas, barras, piochas y azadones, instrumentos todos que les sirvieron para practicar sus fortificaciones. El armamento es bastante, pero casi todo inutilizado por nuestros proyectiles de artillería contándose en él muchos rifles Winchester que era con el que venía armada la guardia de honor de Barrios; revólveres, espadas, espadines, valijas de tropa avanzadas por nuestro Ejército y que, he dado orden que esta clase de objetos sean propiedad del que los ha avanzado.

De nuestra parte tenemos que lamentar la muerte del valiente General don Rafael Osorio, la del Teniente Coronel Aragón (Don Braulio), seis capitanes, nueve tenientes y cinco subtenientes. Los muertos de tropa llegan a ochenta y seis y el número de heridos entre Jefes, Oficiales y tropa es de ciento veintidós. Remitiré a U. las listas de los jefes y oficiales que se distinguieron y que en las varias cargas que personalmente le hice al enemigo me acompañaron, recomendándole en primer lugar a los individuos cuyos nombres consigné en primer parte. De la bravura de nuestro Ejército, solo viéndolo combatir, se formará una idea de ella, y recomiendo a U. a todos los jefes, oficiales y tropa que tomaron parte de la gloriosa jornada del día dos de los corrientes, con la cual queda asegurada la autonomía del Salvador y de las Repúblicas de Centro-América.

Por partes fidedignos y por testigos que han sido interrogados, se sabe positivamente que el General don Rufino Barrios murió, y que don Venancio estaba gravemente herido. Este suceso   garantiza definitivamente el restablecimiento de la paz de Centro América. Omito por ahora dar circunstanciadamente los detalles del combate, por haber tomado parte directamente en todos ellos. Señor General en Jefe: no me canso de felicitar al país, a U. y a todos mis compañeros de armas. La Gloria de nuestro ejército se debe al acertado tino de U. a su régimen como gobernante, a las cualidades políticas que le adornan y que son la garantía de los salvadoreños. ¡Viva El Salvador libre! ¡Viva su digno mandatario! ¡Viva el Ejército! ¡Vivan los Gobiernos aliados de Centroamérica!. Si más datos adquiere sobre el giro y movimiento del enemigo más allá del Chingo, tendré el honor de seguirlos comunicando a U.

Reitero a U la sinceridad de mi afecto respetuoso y consideraciones que le profeso como su afectísimo Amigo y Servidor. ADAN MORA".

Su afectísimo R. Zaldívar.

D.O. San Salvador, 8 de abril de 1885. N° 83

INFORMES PARTICULARES DE LA BATALLA DE CHALCHUAPA.

El enemigo ocupó posiciones y colocó baterías desde el primero de los corrientes en el Cero "San Chiquito" situado a un cuarto de legua de la ciudad. A las 7 de la mañana del mismo día rompió sus fuegos de artillería sobre la población y comenzaron a llover granadas, algunas de las cuales cayeron en los edificios que resultaron bastantes dañados; en el ejército solo hubo algunos heridos.

El cañoneo se suspendió a las 10 de la mañana, y a la una p.m. volvieron a oírse nuevamente frecuentes descargas de artillería. Poco tiempo después se vio que dichos cañonazos sirvieron para que el ejército enemigo se desplegara sobre la población, en un semicírculo como de dos leguas de extensión, al Occidente, Sur y Oriente de la ciudad.

A las 12 del día se supo en Santa Ana que el enemigo intentaba cortar la comunicación con Chalchuapa; y para evitar este movimiento, el General en Jefe mandó a 400 hombres a las órdenes del Coronel don Ignacio Marcial, para ocupar la carretera y evitar la operación del enemigo.

A las 8 de mañana del memorable 2 de abril, principio el ataque furibundo de artillería y fusilería sobre Chalchuapa; pensando que las tropas de Santa Ana o del Portezuelo irían a favorecer al Ejército de Chalchuapa, Barrios mandó al General Camilo Álvarez con 2,000 hombres, con el propósito arriba indicado, de cortar el camino de Santa Ana. Esta fuerza cayó sobre los pocos soldados de Marcial, quien se defendió con bizarría en los Caulotes y se retiró en orden al Portezuelo. La tropa de Brigadier don Jaime Ávila enviada a proteger a Marcial se desbando y también tuvo que replegarse sobre el Portezuelo, dejando en el campo a su ayudante y al Coronel don Rafael Peralta, quien se le había incorporado. El malogrado Peralta llegó muy cerca del enemigo, y al reconocerlo se detuvo un momento, cuando el oficial de la avanzada Guatemalteca le preguntó ¿"Y luego, viene U a presentarse"?

"Nunca, contestó Peralta, soy Salvadoreño!" entonces una descarga lo dejó muerto en el acto, y su cadáver fue enterrado en la finca de Cabrero.

Mientras el enemigo quedaba en posesión de la finca de Cabrero, más de 1,000 hombres de infantería, apoyados por la artillería atacaron la Casa Blanca, situada en la salida de Chalchuapa a Santa Ana y defendida por la división del General Miranda; al mismo tiempo, eran furiosamente acometidas todos los atrincheramientos salvadoreños situados al Occidente y al Norte. Millares de granadas llovían y estallaban por todas partes.

Murió el General don Justo Rufino Barrios frente a los reductos de la Casa Blanca y el ejército comenzó a desbandarse. Camilo Álvarez, al saber la noticia, abandonó los Caulotes, y la retirada se había hecho general a las cuatro de la tarde.

Hasta aquí las noticias sacadas de una carta a que nos hemos referido. El público ya conoce otras que omitimos; restamos sólo añadir que entre los heridos citados en los partes oficiales, no se menciona a Mr. Shervinton, Don Juan Crespo, Don Carmen Sánchez, el Coronel Don Eusebio Saravia y un Oficial Luna. Los cadáveres del ejército enemigo continuaban quemándose a la fecha de las anteriores noticias. Osorio y Aragón quedaron enterrados en la iglesia de Chalchuapa.

LOS MARTIRES DE LA PATRIA

Rafael Osorio

He aquí un hombre que será eternamente simpático en los anales de nuestra historia.

El modesto joven a quien perteneció, ha caído como un valiente en el campo de batalla: su vida se ha extinguido defendiendo la Libertad y la Patria, hermosa dualidad a quién rinden culto las almas generosas.

Ningún elogio mayor podemos hacer de Osorio: él ha muerto como digno hijo de este suelo que le fue querido, y su nombre figura ya que en el número de los de nuestros mártires venerados.

Esperanza de ayer, astro que se alzaba apenas en el horizonte de la vida pública, Rafael Osorio, al sucumbir heroicamente en el combate de Chalchuapa, ha alcanzado en un momento la gloria que otros obtienen después de una larga existencia.

Así es la historia de los héroes: Ricaurte se inmortalizó especialmente por su heroico sacrificio en San Mateo: el Recuerdo de Osorio será imperecedero entre nosotros, por la única acción de armas a que asistió, Chalchuapa.

Que la patria agradecida pague con su gratitud el sacrificio de su noble hijo.

El capitán Touflet

El estandarte salvadoreño tuvo para este intrépido artillero francés el prestigio del amor, y combatió a su sombra con inteligencia y denuedo; pero en la lucha cayó para no levantarse jamás.

Todo un porvenir de gloria se ha hundido en esa tumba, donde reposa su nombre víctima de los invasores de la patria, de esta patria que hizo suya Touflet, a la hora de la prueba y de los cruentos sacrificios.

Las sonrisas de la esperanza, las ilusiones de la juventud, allí están truncadas repentinamente por el destino tan inexorable, como cruel.

Su inteligencia que brillaba con vividos campos está apagada para siempre; y su corazón que ayer latía en la plenitud de la vida, yace hoy paralizado bajo el sudario de la muerte.

Los que tuvimos cariño por el malogrado oficial francés que ha muerto en la flor de la edad, los que admiramos las prendas de su inteligencia y de su corazón, lloremos su pérdida irreparable.

Pero que sea robustecido nuestro dolor, por el de la patria salvadoreña. En cuyas aras y por cuya santa causa sucumbió.

Anexo 8

D.O. t. 18 S.S. 15 de abril de 1885. N° 89.

Sección Oficial

Ministerio de Relaciones Exteriores

Santa Ana, abril 14 de 1885.

El Supremo Gobierno, tomando en consideración que el Capitán Francés don Alberto Touflet prestó al Salvador con valor e inteligencia importantes y valiosos servicios, hasta morir en la gloriosa lucha que la República tuvo que sostener últimamente en defensa de su independencia y libertad, contra las huestes de Guatemala, y que por tan relevante conducta se hizo acreedor a la gratitud de la patria.

ACUERDA: señalar a la madre del Capitán don Alberto Touflet la pensión vitalicia de doscientos francos mensuales. Esta pensión se pagará por el Consulado general del Salvador en París – Comuníquese.

(Rubricado por el señor Presidente)

El Ministro de Relaciones Exteriores

Gallegos.-

EPILOGO

El capitán Alberto Touflet yace en el cementerio Santa Isabel de Santa Ana, su epitafio, escrito por el poeta Calixto Velado, reza así:

Este que en la tumba veis,
durmiendo el último sueño,
fue más que salvadoreño
pues lo fue siendo francés.

BIBLIOGRAFÍA

[2] Gaceta Oficial No. 5 t. 8 21 de mayo de 1859.

[3] Gaceta Oficial No. 9 y 10 t. 8 4 y 8 de junio de 1859.

[4] Gacela Oficial No. 13 t. 8 18 de junio de 1859 "Decreto del Gobierno del 13 de junio, que da nueva organización al Ejército de la República

El Ministerio General

El General Senador Presidente de la República de El Salvador

Considerando:

1° Que es necesario organizar el Ejército de la República y elevarlo al más alto grado de respetabilidad; 2° que mientras se concluyan los arreglos de los cuerpos, sea indispensable darle hoy un nueva forma que acelere su movimiento y progresos se ha tenido a bien decretar y

DECRETA

Artículo 1.- El Ejército de la República se dividirá por ahora en tres divisiones que se denominarán: División Vanguardia, División Centro y División Reserva.

Artículo 2.- Para la organización de éstas, se destinan una brigada de artillería veterana y un batallón veterano con el nombre de Legión Veterana

Un batallón número 1° G de Honor San Salvador

Un batallón número 2° GN Santa Ana

Un batallón número 3° GN Sonsonate

Un batallón número 4° Suchitoto y Chalatenango

Un batallón número 5° Cojutepeque

Un batallón número 6° San Vicente

[5] Gacela Oficial No. 5 t. 8 21 de mayo de 1859

[6] Gacela Oficial No. 14 t. 8 22 junio 1859

[7] Gacela Oficial No. 15 t. 8 25 junio 1859

[8] Gacela Oficial No. 15 t. 8 25 junio 1859

[9] Gacela Oficial No. 18 t. 8 16 julio 1859

[10] Gacela Oficial No. 18 t. 8 6 julio 1859

[11] Gaceta Oficial No. 19 t. 8 9 de julio de 1859

[12] Gaceta Oficial No. 19 t. 8 9 de julio de 1859

[13] Gaceta Oficial No. 30 t. 8 20 de agosto de 1859

[14] Gaceta Oficial No. 30-31 t. 8 20-31 de agosto 1859

[15] Gaceta Oficial No. 39-40 t. Sep.-Oct. 1859

[16] Gaceta Oficial No. 43 t. 8 19 de Octubre 1859

[17] Gaceta Oficial No. 48 t. 8 19 de noviembre 1859

[18] Anexo 1

[19] Gaceta Oficial No. 49 t. 8 26 de noviembre 1859

[20] Gaceta Oficial No. 49 t. 8 26 de noviembre de 1859

[21] Gaceta Oficial No. 50 t. 8 3 de Diciembre de 1859

[22] Gaceta Oficial No. 59 t. 8 11 de enero de 1860

[23] Gaceta Oficial No. 63 t. 8 25 de enero de 1860

[24] Gaceta Oficial No. 63 t. 8 25 de enero de 1860

[25] Gaceta Oficial No. 63 t. 8 28 de enero de 1860

[26] Gaceta Oficial No. 69 t. 8 15 de febrero de 1860

[26] Gaceta Oficial No. 4 t. 10 23 de octubre de 1861

[27] Gaceta Oficial No. 4 t. 10 26 de octubre de 1861

[29] Gaceta Oficial No. 5 t. 10 26 de octubre de 1861

[30] Gaceta Oficial No. 9 t. 10 13 de noviembre de 1861

[31] Gaceta Oficial No. 10 t. 10 23 de noviembre de 1861. El Obispo Tomás Miguel Pineda y Saldaña se evadió hacia Guatemala.

César Alberto Ramírez Alvarenga, nació en San Salvador, El Salvador 1955. Firma sus documentos bajo el anagrama de Caralvá.

Realizó estudios en: Escuela Nacional de Antropología e Historia y en la Universidad Nacional Autónoma de México. 5° año Facultad Medicina Universidad de El Salvador, Diplomado de Admin. Pol. INCAE.

Fundador del Suplemento Cultural 3000 y Literatura Stereo.

Premio Nacional de Cuento 1993, por la Secretaría Nacional de la Familia.

Reseñado en Hijos de la Pólvora por la Latin Heritage Foundation.

Seleccionado en el Certamen sobre estudio histórico del 05 de noviembre de 1811, Universidad Tecnológica de El Salvador

Ha publicado en periódicos nacionales e internacionales, además de las siguientes monografías: La primavera salvadoreña recuerda España;   Modernización de las

telecomunicaciones en El Salvador: Telecom, inversión exitosa. Estrategia de comunicaciones corporativas; El Salvador Insurgente 1811-1821 Centroamérica; coordinación de los libros: Primer Congreso de Escuelas Digitales e Historia Corporativa: acciones de una empresa exitosa. Columnista del Diario Colatino.

www.cesarramirezcaralva.com

www.ingramcontent.com/pod-product-compliance
Lightning Source LLC
Chambersburg PA
CBHW031754150726
47989CB00006B/2711